从零开始做

IT售前工程师

徐瑞雪◎著

中国铁道出版社有限公司
CHINA RAILWAY PUBLISHING HOUSE CO., LTD.

图书在版编目（CIP）数据

从零开始做 IT 售前工程师 / 徐瑞雪著 .—北京：中国铁道
出版社有限公司，2021.4

ISBN 978-7-113-21304-6

Ⅰ . ①从… Ⅱ . ①徐… Ⅲ . ①高技术产品－市场营销学

Ⅳ . ① F764

中国版本图书馆 CIP 数据核字（2021）第 044458 号

书　　名：**从零开始做 IT 售前工程师**
　　　　　CONG LING KAISHI ZUO IT SHOUQIAN GONGCHENGSHI
作　　者：徐瑞雪

策　　划：巨　凤　　　　　　　编辑部电话：(010)83545974
责任编辑：巨　凤　韩丽芳
编辑助理：王伟彤
封面设计：宿　萌
责任印制：赵星辰
插图作者：刘亚群

出版发行：中国铁道出版社有限公司（100054，北京市西城区右安门西街 8 号）
印　　刷：三河市宏盛印务有限公司
版　　次：2021 年 4 月第 1 版　2021 年 4 月第 1 次印刷
开　　本：700 mm×1 000 mm　1/16　印张：12　字数：180 千
书　　号：ISBN 978-7-113-21304-6
定　　价：55.00 元

格物致知为学　诚意正心做事

外在的技术发展日新月异，而关于内在个人成长、社会发展规律的认知，我们并未超越先贤——比如《大学》里提倡：物格而后知至，知至而后意诚；先修己身，而后齐家治国平天下。

在我看来，此书的写作过程就是对《大学》八条目的实践。而作为实践成果的本书，既有详尽的"致知"，更是"诚意"之作，相信会帮助适用读者——书中所称 0 ～ 3 岁的 IT 售前工程师等 5 类人群取得快速进步。

书是诚意之作

得知瑞雪出书，我高兴也出乎意料。

5 年前认识瑞雪，是在拆书帮的活动上。那时的她爱倾听、爱学习，听到有益的知识就会眼睛发亮、全力去做。

3 年前再次交流，她却有了困惑，由于作为一名 IT 售前工程师面临巨大压力，开始纠结是否开启副业，成为一名斜杠青年，甚至想要放弃主业，转型成为产品经理。那时的她，作为 IT 售前工程师，工作面临着巨大压力，而「产品经理」「斜杠青年」「知识变现」正是最有诱惑力的选择。经过讨论，她认为自己并不适合做产品经理，更不宜采取逃避策略，最终把兴趣聚焦于写作输出，而写作内容则聚焦于工作本身。于是，她将八年的工作经验融入于此，有了这本书的面世。

事要诚意而做

写书要诚意正心，做 IT 售前工程师也是如此。

书中多次强调自信，而这自信，首先是建立在自我认知的基础上。从宏观上，可以通过 SWOT 分析，找准自己的职场定位；而在微观上，要善于通过具体行动来肯定并发现自己的价值。

也就是说，这本书除了丰富的专业知识，也强调诚意正心的内在力量。对初入行的新人而言，同样是进步的关键。

因此，本书与其他注重理论或技巧的书有很大不同。读者不宜把瑞雪视作正襟危坐的老师，更宜视为精于业务、乐于助人的学姐。她不仅分享自己的所学，更会把自己的经历与经验、困惑与思考，无私地分享给大家。用她的话说就是，"我们在职业发展道路上，需要不断提升个人的自我修养，包括找准职场定位、积极主动地保持良好心态，只有这样，我们才能比其他人成长得更快，职业道路走得也更稳。"

格物致知的力量

对初入行者，要理解一个行业、一个职位并不容易。这本书就是一位入行八年的先行者，对 IT 售前工程师的系统化分析。包括行业基本认知、必备知识、基本技能、基本素养 4 个方面，既有可以拿来就用、快速解决问题的实用工具；也有理论干货、感性认知；还有结合实践总结的案例，方便初学者理解。

格物以致知，为学以致用。本书涉及内容很广，但并不追求事无巨细。比如 SWOT、SCQA 等模型，印象笔记、X-Mind 等工具都是点到为止。如果读者使用工具快速满足了工作所需，可把更多精力放在信息本身甚至放在与客户沟通上。如果读者有更浓厚的兴趣，按图索骥也非难事。

格物以致知——这里的知，不仅包括对客观世界的知，也包括自己对产品、对客户、对职位甚至对自己的知。本书第 2 章明确讲述"业务、技术、产品，一个都不能少",第 3 章承接而来,则是"一切为了客户,首先要了解客户"。

在对每个知识点进行细化、分类、量化的格物致知过程中,初入行的读者得到学习进步,而入行八年的作者成长晋级为专家。当然在此过程中,也会有人选择离开,但这种离开是在充分理解自己、理解行业基础上的郑重选择,当然在现实中,更多人是在细化认知的过程中,发现工作不再是枯燥、乏味或可怕,而是充满乐趣和价值的,也就很自然地喜欢上了这一行业。

先喜欢而后研究,还是因研究而喜欢?因为干一行所以爱这行?还是因为爱这行才干这行?当下青年或许把主观感受列为第一,但客观而言两方面并非是机械的决定关系,而是缠绕交织的双向影响,甚至先贤更强调行的投入胜过心的偏好,也就是说,格物致知后才能诚意正心。

衷心希望读者朋友们通过阅读本书,建立起对 IT 售前工程师的精细认知,从而能找到自信与价值,诚于意正于心,让工作成为荣耀和享受,也为客户、行业和社会创造更大价值。

张玉新 善用佳软站长 视九 TV 联合创始人
2020 年 8 月

序言二

第一次见到小雪是在一年半前，在一个春日的午后，睿智、勤勉是小雪给我的第一印象。我们一边品着哥伦比亚咖啡豆的酸苦，一边交谈着属于 IT 售前的共同语言。

今年夏天，孕期中的小雪让我帮忙作序，我依然觉得非常震撼。从序言的铺垫到正文的细腻分类，再到文字上的层层递进，无不彰显出小雪认真严谨的做事风格和诲人不倦的开放心态。

说心里话，IT 售前工程师是 360 行里非常非常小的群体，也是一个新兴的职业岗位。它诞生于 21 世纪的第一个十年，生存在业务人员与信息"码农"的"夹缝"中，身为国内较早一代的 IT 售前（行业顾问），十余年懵懵懂懂地伴随着它一路走来：

初期的 IT 售前（这也是本书面对的受众群体），多数来源于项目经理和需求分析师，他们着力于构架设计和产品方案，定位与项目实施几乎零差距，由客户的业务需求产出信息化设计方案。小雪将自己过去八年的积累和案例都融入本书，对新加入 IT 售前团队的"萌新"或者有意愿从事售前工作的伙伴进行操作性的指引。

感慨 IT 售前的磨炼和艰苦，同时也扩展了自身的视野。近年来，IT 售前岗位的深度和广度要求愈发提高，他们的定位已经从投标工程师、售前方案工程、产品技术介绍等"单兵种对抗"大幅度向行业垂直体系发展、纵深云支撑优化、横向产业生态布局和未来愿景谋略规划等"多兵种整合的立体战争"方向跨越。

在可以预见的未来,随着能力的提升,越来越多的 IT 售前抱团形成咨询公司,他们会打造一个大型独立的整合平台,不再是信息化产品的附属,而将成为业务需求的愿景规划、信息产品的整合延伸。

8 年前,同样作为"萌新"的小雪通过自己的摸索努力成长为一代资深售前;而在这特殊的 2020 年,小雪将此书奉献给大家,让后来者站在前人的肩膀上少走弯路!

盛涵清　万达信息医疗保障事业群副总经理

九三学社上海市科学技术专门委员会

2020 年 10 月

前言

作为一个入行八年的人，我以前也经常感到迷茫。一方面，IT售前工程师（以下简称售前）是一个对综合素质要求非常高的职位，既需要有技术知识、业务知识、管理知识等知识层面的积累，又需要有客户交流能力、方案编制能力等技能层面的沉淀，初入行的售前通常都会感到非常大的压力。另一方面，论技术比不过公司的架构师，论产品又比不过产品经理，论客户交流又不像销售那么懂维护客户关系，不知道售前的价值到底在哪里。

作为售前，经常会遇到以下几种情况：

● 销售部今天临时通知你，明天要去客户那里进行PPT宣讲，而你根本没有时间准备；

● 销售只说一句话，就让你帮客户出一个方案；

● 第一次见客户，很紧张，不知道该说什么；

● 客户交流中问到很多细节，不知道该如何回答；

● 可行性研究报告改了无数次，但就是无法通过；

● 制作投标文件，一不小心差点儿被废标；

● 当你还对一个产品了解不清时，领导就要求你提供一个解决方案；

● 刚对一个领域的业务熟悉，就发现行业政策变了，需要做新的解决方案；

● 天天出差，累得要命，但感觉成长很慢；

……

这些只能靠售前自己积累，通常过程中充满了挫败感。

本书的目的是帮助希望成为或者已经是 IT 售前工程师的人搭建售前知识体系，快速了售前是什么、怎么做才能实现其快速成长，并且可以帮助读者理解和掌握在 IT 项目成交前所需要的对新行业的理解、与客户交流、方案编制等内容。

1．内容介绍

全书分为四大部分。

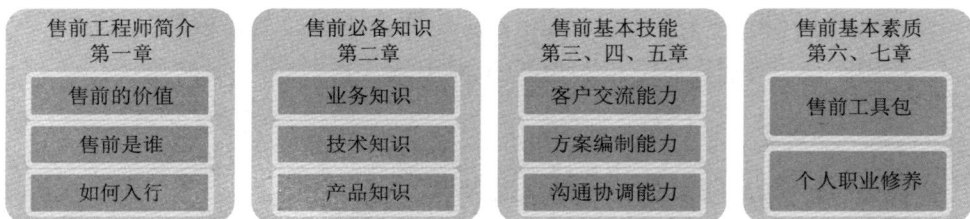

售前工程师简介 第一章	售前必备知识 第二章	售前基本技能 第三、四、五章	售前基本素质 第六、七章
售前的价值	业务知识	客户交流能力	售前工具包
售前是谁	技术知识	方案编制能力	个人职业修养
如何入行	产品知识	沟通协调能力	

内容框架

另外，本书配套"从零开始做 IT 售前工程师"微信公众号，读者可以扫码或者搜索关注，进一步获取相关文件以及视频资料。

微信搜一搜

🔍 从零开始做IT售前工程师

获取相关资料二维码

2．本书特色

本书是基于笔者八年售前的经验和总结，以及对销售、咨询、公文写作等方方面面知识进行的梳理，是一本建立起比较完善的售前知识体系的书。

其实售前是有一套方法论的，而不只是靠自己摸索成长。

售前的核心能力主要包含两个方面：方案编制能力和与客户交流能力。其中方案编制层面可以根据方案的侧重点在公司知识库支撑的基础上进行改写。

与客户交流能力其实与销售的部分方法论是相通的，只是需要根据客户对你的期望将定位略微调整，这个方面销售和咨询顾问早已探索出一套相对成熟的方法。

除此之外，你还要学会如何管理工作伙伴，养成良好的工作习惯和工作方法，熟悉 office 技能，并且在工作中不断地提升个人修养。

3. 受众人群

希望转行做 IT 售前工程师的人；

"0～3 岁"的 IT 售前工程师；

希望搭建起售前知识体系的 IT 售前工程师；

售前上下游的销售及投标助理、产品经理、项目经理或其他项目实施人员；

希望在公司搭建售前培养体系的 HR 或管理人员。

4. 读者收获

如果你想了解以下内容，相信这本书一定会帮助到你。

该如何搭建售前成长知识体系，避开路上的绊脚石，以便快速成长；

我想成为售前，到底该如何入行；

作为一名售前，如何才能快速掌握业务、技术、产品知识；

如何进行客户需求调研和挖掘；

如何做好一次客户交流；

如何编制一份客户满意的方案；

编制招标文件的要点是什么；

如何做好一次投标；

如何跟销售做好紧密协作；

售前必须掌握的工作习惯和工作方法有哪些；

售前有哪些必须掌握的办公室软件操作技巧；

如何写出一份让客户满意的 PPT。

……

因此，希望通过本书帮助困惑的你搭建售前知识体系，在你迷茫的时候知道自己可以做些什么，从而可以更加坚实地踏出下一步。

第1章
写给-1到3岁的IT售前工程师

1.1 为什么要做售前工程师

售前工程师（以下称：售前）这个角色在整个 IT 行业相对比较小众，但能够从其他角色中细分出来是因为其具有独特的价值。或许只有真正地理解售前的价值，才能更好地回答为什么要做售前工程师这个问题。

1.1.1 售前从哪里来

最早在互联网企业里，销售人员占据主要地位；随着行业的进步，软件的更新迭代，慢慢出现了一些问题：

（1）技术知识更新迭代频繁。行业业务体系不断发展、公司产品复杂度不断提高、个人对行业知识和技术知识积累不足，销售压力变大。

（2）维护商务关系和提供解决方案要两者兼顾，销售人员在两者之间不断切换逐渐乏力。

（3）客户逐渐成熟，对产品演示、解决方案等要求越来越高。

于是，IT 售前工程师这个岗位作为单独的技术工种应运而生，不但有技术知识、业务知识、管理知识等硬知识层面的积累，又有客户交流能力、方案编制能力等软技能层面的沉淀，专门负责客户交流和方案编制。这个岗位的出现大大提升了销售对产品的专业认知度，也帮助销售更加快速精准地拿下客户的单子。

1.1.2　售前的价值是什么

之前，曾经在一个 100 多人的售前群里发起过一个小调查，调查的主题是"你在什么时候能真正感受到售前的存在意义和价值"。

大家的回答各式各样，具体包括：

当与销售一起商量对策的时候；

被客户真诚认可的时候；

丢标的时候；

方案 PK 的时候；

拎 / 写标书的时候；

抢单的时候；

知道中标的时候；

……

总结下来，大家认为售前的价值和意义主要来自客户和销售的认可，以及在项目关键节点中自己发挥的作用。

从我个人体验来看，刚工作的时候也曾纠结于售前的价值。因为当时能力不够，只做一些打杂的工作，觉得自己不过是颗螺丝钉。真正开始觉得有价值的时候，就是开始独立负责一个项目。从最初商机的建立、客户交流、方案制作、预算申请、再到招标、投标，当单子落地时，回想起付出的种种，成就感也就随之而来。

另外，售前工程师也是客户与公司研发工程师之间的桥梁。售前工程师可以拿到客户的需求后给到研发，从而促进产品的迭代，并且把研发的要求、项目中应规避之处、技术中的细节传递到客户那里。

1.1.3　售前职业发展前景

IT 售前工程师这个职位门槛较高，但同时也意味着良好的职业发展前景，具体体现如下：

1．个人成长快

因为 IT 售前工程师这个职位需要与很多人配合，比如身经百战的销售、具有多年行业经验的业务专家、具有众多项目实施经验的项目经理、其他部门资深人士以及单位领导等。IT 售前工程师在与他们的沟通过程中，接触到的信息会很多，个人成长也会比较快。

2．职业转型方向多

IT 售前工程师需要对销售业务有一定的理解、对技术有一定的积累、能够积累客户资源，同时具备提炼解决方案的能力。在这个岗位上积累的知识、能力，可以帮助你向不同方向的职业转型，包括售前上下游的销售、项目经理，也包括 IT 行业以外的其他职位。

3．售前职业生涯较长

2018 年底，互联网公司裁员，很多 IT 外企开始退出中国市场，整体行业到了一个挤出泡沫的时间点，年龄越大的人焦虑感越强，越担心被淘汰。而 IT 售前工程师随着业务和行业知识的积累，可以做到与行业同发展、共进步。年龄越大越资深的售前，越容易被客户所信赖，所以其职业生涯较长。

1.2　售前不是客服，是"攻城狮"

作为一名 IT 售前工程师，你是否有过这样的经历：介绍完自己的职业后，别人会问你是销售什么产品的，是需要不停接电话并回答别人咨询问题的工作吗？

其实，售前与客服之间确实有相似之处，比如也需要与客户进行直接沟通，并回应客户提出的疑问。但不同于客服主要是针对单价较低的商品，售前是支持大客户销售的，一般项目周期较长、订单金额较大，并且涉及到不同层级的客户进行决策。

因此，不管 IT 售前工程师的叫法是什么，比如咨询顾问、解决方案专家、文案策划工程师、业务架构师、技术顾问等。归根结底就是在签订合同前，在技术层面实现与销售的协同，从而达到成交的目的。

1.2.1　售前有哪些不同类型

根据售前所在的部门，可以大致分为以下四类：

1. 与市场在一个部门

侧重竞争对手分析、行业调研、市场策划、行业宣讲。

2. 与销售在一个部门

侧重客户交流、提供解决方案以及在此过程中相关方案的制作。

3. 与产品或项目在一个部门

侧重需求调研、产品演示、产品型解决方案的提供。

4. 独立部门

负责以上所有的工作（一般是规模较大的 to B 客户销售类型的公司）。

根据售前所做的具体工作内容，大致可以分为以下两类：

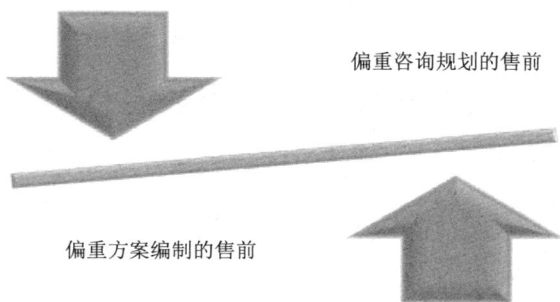

偏重咨询规划的售前

偏重方案编制的售前

售前主要类型

1．偏重咨询规划的售前

主要偏重面向客户交流。优秀的咨询售前一般从业时间比较长，具有较为深厚的行业知识，在客户面前可以树立专家形象，可以顺应行业发展趋势给客户提出引领性的建议，并顺势实现公司项目落地，达到双赢。

2．偏重方案编制的售前

主要偏重在公司进行方案编制。优秀的方案售前一般也有较为丰富的方案经验，对几种常见的方案类型非常熟悉，可以实现方案快速且高质量的输出。

一个优秀的售前一定要擅长客户交流和方案编制这两类核心工作。对于客户交流来说，最关键的是客户需求调研和分析能力，你需要清楚客户的类型、购买产品或服务的动机，在见面前、见面中、见面后做足够的准备。

对于方案编制来说，最关键的是方案编制能力，你需要明白编制的方案是哪种类型，是不是能够真正解决客户的痛点。

而这需要业务知识、技术知识、产品知识做支撑，这些在下面几个章节中都会讲到。

1.2.2　售前典型的一天

售前典型的一天是什么样的呢？

- 最惨的售前：上午出差到客户现场，下午与客户进行交流，晚上回酒店写方案；

- 最省心售前：上午写投标文件，下午审核投标文件，晚上将投标文件盖章封装；

- 最纠结售前：上午接到客户电话，明天要提交申报方案。上午初步沟通需求，下午写申报方案，晚上修改申报方案。

因此，做一个 IT 售前工程师，需要适应售前的工作状态。

1．适应不那么规律的生活

我有一天下班，同一办公室的开发人员很疑惑，为什么我要像他一样，每天拎着笔记本上下班。我说，售前需要紧贴着客户，而客户不会在一个月甚至一周前就告诉你，所以有很多的机动性和临时性，有可能今天还在家，明天就要去另一个地方。

比如某个咖啡馆或客户现场，还有可能是客户培训、沟通的其他场地。如果需要去外省市，一般需要很早出发，上午 10 点到达客户现场，交流结束后，下午返回自己所在的城市，甚至还有可能回公司继续开会。

总之，要学会适应不同转换的工作场景，并且能够在任何地方都实现高效率工作。工作地点转换带来的是不规律的生活，比如几点出门、几点到家、几点开始吃饭、几点开始午休，这些都要调整。

2．见不同的人也不会紧张

记得我刚毕业时认识一个售前伙伴。她说自己经常出差，只是偶尔才回上海。我表示很震惊，自己去面试都紧张到不行，去不同的城市见不同的人也就更容易紧张了。

后来慢慢就习惯了出差，也养成了物品随拿随走的习惯，并且到了地方会跟客户或者现场技术人员交流，认识了很多人。因为出差有大量的时间会跟同事在一起，会有很多资深同事，出差时最适合做深入交流，你会听到不同人身上不同的故事，了解他们的状态，并且也会得到一些建议。

1.2.3　售前项目坎坷的一生

IT 售前项目一般都是以销售的有效商机为开始，以中标为结束的。

政府资金的使用一般都有比较明确的要求，需要先通过立项来申请资金，等资金下拨之后再进行招标。

一个 IT 售前项目的流程大致如下：

| 内部立项 | ➡ | 发改委审批 | ➡ | 财政局审批 | ➡ | 客户招标 |

IT 售前项目流程

（1）内部立项：首先是与相关业务处室或者负责信息化的处室进行沟通，业务处室确认方案后，会在内部上报给局长，局长确认后会正式对外走立项流程。

（2）发改委审批：外部立项首先需要编制项目建议书，建议书中描述清楚本项目的社会效益和经济效益，信息化现状以及未来系统建设后的效用，呈报当地发改委进行审批，发改委委托（经济和信息化委员会）分管领导对方案进行审核，审核通过后发改委同意立项。

（3）财政局审批：审批通过后，需要再提交可行性研究报告。这个报告主要侧重于项目的可行性并写清楚项目的预算。预算由专家核定后呈给财政局，财政局委托经信委进行方案审核，审核通过后明确具体预算。

（4）客户招标：资金下发后客户会组织招标。包括确定项目需求并选择合适的供应商。

那么在这个过程中，你需要了解以下几个问题：

1．到底什么是有效商机？

对有效商机的界定和判断是售前和销售经常产生冲突的地方。

有效商机是客户因为某个原因，所以要做某个项目，实现这个项目的建设或者改造，预算大致需要多少钱，希望项目完工的日期是什么时候。这个项目是否有钱、建设初衷是什么、初步建设需求是什么、项目节点有无明确的截止日期。

而不好的商机一般是，一个项目没有建设由头、建设预算、建设周期，而只是客户提了不明确的需求。

是否是有效商机取决于销售对于商机和与客户关系的把握程度，也取决于目前售前资源是否足够以及行业方面是否重视。

如果售前资源短缺且项目很多，当然是进行充分的筛选判断，需求说不清就不做。

但如果是行业需要开拓，而售前资源也相对足够，那么就需要帮助销售一起进行判断，有必要的话可以陪同销售一起完成初步交流。

2．汇报方案，必须弄清楚客户需求

如果需求相对精准的话，为了满足客户内部汇报的需求，我们一般需要写汇报方案。

这里就不得不提大型项目。大型项目涉及的人群比较广，比如跟你接触的是负责信息化建设的部门，但是项目决策的是分管信息化建设的领导，这个时候就需要你进行汇报方案的编制，能够让信息化部门的人提交到分管领导面前，或者更直接有效的方式是让客户组织相关会议，在会议上进行宣讲交流。

这个节点的方案必须要写清楚，为什么要做这个项目、项目建设内容是什么、项目建设的重难点以及解决方案、项目建设预算。方案的篇幅不宜过长，简明扼要即可。

所以非常关键的是，一定要弄清楚客户需求，不然这个方案必然流于形式，跟其他方案雷同就难以达到目的。

3．项目申报，必须抓住时间节点

政府或者一部分大型的公司，项目预算一般是在年初或上一年确定，为了保证客户预算，必须在这个时间节点完成预算申报。有些比较后知后觉的客户往往这时才开始联系供应商，售前接到需求就开始加班加点地在时间节点前赶制方案。

4．项目招标，必须埋下你有优势的指标

有人曾说招标乃不战而屈人之兵。此言不虚，所有前期的铺垫必须在客户招标这个阶段落实到公司优势上面，即把招标文件写入相对竞争对手具有竞争优势的指标，才属于真正的成果。

如果说在招标之前的阶段，所有的工作都是为客户服务，以客户为中心。那么在招标这个阶段，需要通过在招标文件中加入优势指标，实现客户利益和公司利益的平衡，包括实现公司中标、节省公司成本等。

5．项目投标，必须保证粮草弹药全部到位

专家对投标文件的评审，是你和竞争对手正面的较量。假如前期招标文件的铺垫工作没有做好，这个时候你不得不报低价、不得不动用众多售前在投标前期没日没夜地赶制，总之局面非常不利。

即便前面占有优势，为了保证万无一失，还需要所有的资源全部到位，也就是不但对招标文件中的技术需求要完全响应，对于评分标准的每一条都必须阐述清楚。

1.3 我真的想做，怎么入行

了解售前是谁以及售前的价值是什么后，也许你已经对这个职位产生了浓厚的兴趣并且跃跃欲试了。接下来你可能会问，如果真的想做该怎么入行。回答这个问题就要了解售前需要掌握哪些知识、想从事售前工程师工作，有什么具体的渠道以及需要做哪些准备。

1.3.1 售前到底需要掌握多少种知识

售前是一个对个人综合能力要求比较高的职位见下页图。

在能力方面，需要具备逻辑思维能力、沟通能力、方案编制能力、现场演示宣讲能力和对市场有预测判断能力。

在知识方面，要求能够掌握公司相关知识（公司简介、项目案例、主要对手、典型技术）、行业知识（包括行业背景知识、国家宏观政策）、技术知识（包括信息化基础知识、基础信息技术知识），并且最好关注行业前沿发展的知识。

在技能方面，需要能够掌握 PPT、Excel、Word、visio 等办公软件的使用，才能大大提升工作效率。

技能	PPT	Excel	Word	visio
知识	公司	技术	行业	管理
能力	逻辑思维	沟通协调	方案编制	现场演示

售前知识结构

1.3.2　如何成功应聘为售前工程师

如何成功应聘为售前工程师呢？下面，给大家提供一些线索。

1. 我以前没有做过售前，如何实现职业转型？

这个问题需要根据个人不同背景进行回答。

如果你是一名项目经理，有比较综合的知识结构以及良好的与客户交流能力，就有了比较好的转岗基础，转型会比较容易。

如果你目前从事的工作主要是技术开发或者与项目运维相关，转岗也是可以的，但需要在沟通、方案编制方面进一步提升。

如果你是刚毕业的学生或者从事与信息化行业无关的工作的人，转岗会有很大难处，除非是公司需要扩大规模，而社会招聘又无法满足需求时，公司会考虑你的转型；或者是售前团队需要引入其他行业类人才时，会选择与对应行业相关的专业人才。因此，建议从你心仪公司的业务入手，比如你从事医学专业，那么医院信息化（为医院提供信息系统服务）的公司也许会需要你。

2．转型太难，是否需要长时间的准备？

如果你本人的确对这个职位感兴趣，但是确实基础能力有所欠缺，那么有两个路径，可供你选择。

（1）技术路线

如果你有一定技术知识，可以先从事技术开发或者测试工作，然后做需求分析工程师、项目经理，最后再做售前，这个是比较成熟的转型路线。

（2）投标路线

如果觉得那样的过程太漫长，可以先从销售助理做起，负责标书的打印、盖章封装以及标书商务部分编制，然后开始做投标文件技术部分的辅助部分（包括项目实施、项目管理、售后服务、项目人员，这个部分相对通用性比较高）。最后再做投标文件技术部分编制，慢慢在写标书过程中理解业务，再去做对个人能力要求比较高的方案编制以及方案交流工作。

3．我是一个性格内向的人，适合做售前吗？

所谓性格内向或者外向，主要是个人特点不同，外向的人更擅长表达，内向的人更擅长倾听，没有绝对的好坏。

其实，在与客户交流过程中，最关键的是要深刻洞察客户的需求，这需要懂得察言观色，明白什么时候该多说，什么时候该少说，什么时候该提问，什么时候该回应。

因此，外向的人需要控制自己表达的欲望，去真正倾听客户，而内向的人则需要在该表达的时候快速准确表达。

4．大公司售前与小公司售前，到底该如何选择？

如果你有两个选择的话，强烈建议去大公司做售前。

大公司有相对比较完善的"传帮带"培训体系，并且有很多售前资深人士，有比较多的行业经验和工作方法的积累，可以帮助你快速成长。

而小公司的售前工作内容会有些杂，项目案例也会比较有限，因此很难得到比较专业的工作方法的训练，不利于个人未来职业发展。

1.3.3 做售前需要做好什么准备

假如你已经是一名 IT 售前工程师了，那么可以做以下准备：

1. 收集资料，进行内部试讲

（1）拿到公司产品资料

公司产品资料包括公司简介、公司产品简介、公司的主要解决方案。

这些资料可以问其他同事要，也可以自己搜集。比如公司简介，可以通过公司网站或者公众号获取。

看公司产品简介，主要需要熟悉公司主要销售产品是什么，是否有典型的项目案例。

而公司的解决方案其实就是针对行业内现有典型问题结合公司产品提出的解决思路和方法。

（2）对解决方案进行试讲

对着公司的产品解决方案讲解十遍，直到自己满意为止。然后找找感觉，尝试以客户角度来问自己每个问题，并把这些问题的答案进行结构化形式呈现。

比如：

- 你们产品的优势是什么？

- 怎么做后续维保？

- 有哪些案例？

熟练掌握这些信息后，你就可以出去跟客户进行初步的方案讲解了。

2. 关注重要的售前相关公众号

微信公众号可以关注"特大号"和"IT 售前之道"，"特大号"是关于销售和售前见闻的，"IT 售前之道"是关于售前培训的，更有针对性。

还可以关注"吴柏臣售前频道"，他的相关文章可以让你对售前有深刻的认识。

3．调整好心态

（1）胆大、心细、脸皮厚

永远不要把自己看得太卑微，不要心虚，每个人都有自己擅长和不擅长的领域，要对自己有信心，每个人都有自身的特点。

（2）要勤奋，不断学习和积累

学习主要有两个渠道：第一，在实践中学习以及通过理论学习，也就是在实践中不断积累知识并提高自身能力；第二，课余时间自学。

对于专业理论知识，毫无疑问，除了在工作过程中的接触、积累，更重要的在于自己在工作之余能否下苦功夫；对于实操技能，很大程度上需要自己在工作中争取机会、多看多听多想，逐渐地提高。除此之外，方法和工具，则需要在干中学、自学并不断地摸索。

1.4 案例分享：应届生小雪迈入售前之路

小雪：作为应届生身份初入公司。

以下内容根据她个人回忆进行整理：

1.4.1 小雪入行之路

这天晚上小雪有些失眠，躺在床上回想白天自己做的业务内容培训会，不禁连连叹气。虽然在培训前很努力地在 PPT 里加了很多内容，最后却只是得到"不要只对着 PPT 念"的反馈。

作为管理类专业的毕业生进入到 IT 行业，每天对着大量技术方案已经很枯燥了，但与他人相比，业务知识应该是自己强项，为什么会得到这样的效果呢？

小雪不禁对自己成为售前这件事开始纠结，自己到底适合吗？

想起几个月前找工作的时候，她也只是因为不希望从事琐碎的人力资源类工作，才阴差阳错地选择了售前工程师这个职位。

进来公司之后，发现现实与心中所想存在很大差别。入职前以为要做的就是像在学校写写论文之类的工作，入职后才发现要读懂技术方案，然后写出技术方案，并且可以跟客户进行交流。而自己当年学的那点理论知识，在面对实际工作时却力所不及，每天都感觉很焦虑。

带教老师这么鼓励小雪，没关系，慢慢来，刚开始就是这样的，多在项目中历练，就会越来越好。但是小雪越发觉得，自己跟一个有经验的售前之间的差距有多大，不知道该从哪里下手去缩短差距。

小雪在墙上贴着，"要么痛苦地蜕变，要么悠闲地打杂。"但她知道现在做的纯属打杂，于是开始纠结自己是否适合这份工作。

小雪就这样回顾着自己入职以来的感受，慢慢睡着了。

正好第二天，公司组织召开党会，由于小雪党员转正需要组织上给意见，大家对她的总体评价是肯思考、爱看书、积极上进。然后 Z 总说，小雪她专业知识扎实，而且文笔很好，是个售前工程师的好苗子。在场的其他几个党员也鼓励小雪说，技术知识都不是事儿，接触多了，自然就懂了。

小雪在党会上得到了一些信心，顺便问了昨天培训会效果不好的原因。大家都很热心，给出了自己的建议，还纷纷安慰小雪。结合大家的意见，小雪也对培训进行了回忆并梳理，其实最关键的原因是在准备内容时，只是想到了自己想讲什么，完全没有考虑观众想听什么以及能接收多少信息。说白了，就是培训经验不足。想到此，小雪挫败感就没有那么强了，经验就是慢慢积累出来的。

后来，小雪的领导看到小雪每天都很努力地工作，就开始带着她学习投标。H 领导对标书的审核真的是事无巨细，从资质文件的原件、复印件，到商务文件的格式和填写的每一项内容都准确无误。

起初小雪常常不理解，为何有些流程不能省。直到自己真正负责一个项目的投标，才弄明白投标过程的管理其实类似于项目实施的管理，从招标文件发出到最后封标，每个环节都不能出问题。

在此过程中，小雪也跟着积累了项目投标相关的经验，实现了自己在工作上从 0 到 1 的突破。

小雪开始慢慢变得自信，虽然上手很慢，但是售前这份工作是可以继续做下去的。

1.4.2　案例总结点评

1. 售前工程师是对个人综合素质要求比较高的岗位，对于应届生小雪来说确实很难，一方面要熟悉业务和技术，另一方面还要学习职场中的各种实用技能。

2. 小雪本人并非由于个人主动选择这个职位，是由于找工作的压力迫使，所以对售前工程师的岗位要求以及如何开展工作并没有进行提前了解，有很多心理压力。

3. 小雪的公司有专人带教，只是大部分有经验的售前都没有对应届生带教的经验，所以对于她成长之路的规划以及怎样快速适应这个职位无法提供有效的建议，主要是让她参与到项目中来，并不断鼓励她多做。

4. 对小雪本人的建议是：一方面要积极学习，包括关注有售前资料的一些公众号，了解公司产品并进行试讲，早些弄懂公司和业务是做什么的，另一方面要调整自己心态，做到胆大心细、敢说敢问。

第2章
业务、技术、产品，一个都不能少

在跟客户沟通交流时，有的人说，如果客户懂技术，就跟他谈业务，如果客户懂业务，就跟他谈技术。如果客户业务和技术都懂就跟他谈管理。

所以这几个方面一个也不能少，都是你去征服客户的利器。

2.1 业务就像扎马步，是你的基本功

我们跟客户交流的时候一般都会说：技术基本都可以支持的，关键是看业务。就定位来说，所谓信息化或者软件项目都是为业务做技术支撑的，最根本或者重要的是实现并完成业务目标。

通常我们服务的客户，业务是他们的强项。对于一个售前来说，理解并掌握好业务知识才能听得懂客户的语言，才能跟他们在一个层面上进行交流，才能在方案编制时更好地达成目标。

所以，无论你是从事哪个类型或项目的售前，首先要做的是弄清楚客户的业务，这样才能更好地服务于他们。

2.1.1 熟悉业务信息化现状，高楼才能平地起

了解业务需要达到的目标，才能更好地提供信息化解决方案。

这样，你跟客户交流时才会有整体框架意识，包括在了解客户现有的信息系统基础之上判断他目前比较成熟的业务系统是什么、比较薄弱的业务系统是什么，还需要新增哪些业务系统。

1. 三招助你快速理解政府业务

业务积累是一个长期的过程，不可急于求成，但当我们进入一个新的行

业或者面对新客户时，需要通过一些方法熟悉当下业务现状，为开展工作打下基础。

理解好业务在于能够针对业务的痛点提出与自己专业技能相关的方案，如果是 IT 和金融行业结合，就需要用 IT 手段提升金融行业的效率。

接下来我将从政府角度对业务进行分析。

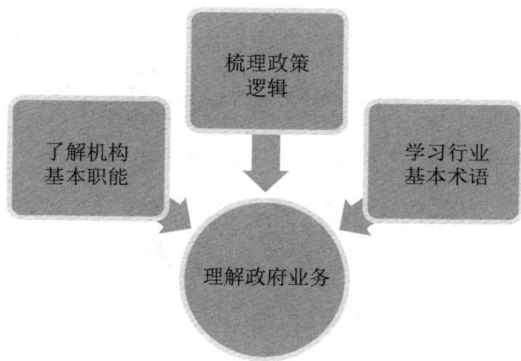

政府业务分析方法

（1）了解机构基本职能

主要是从以下三个角度来看一个机构的职能：

①机构核心职能

从了解政府单位成立的核心目的来了解该单位的主要职能，主要是看单位的主要职责，一般在官方网站上可以查到。

以人力资源和社会保障部为举例，打开官网可以查到机构职能的页面，具体如下：

人力资源和社会保障部贯彻落实党中央关于人力资源和社会保障工作的方针政策和决策部署，在履行职责过程中坚持和加强党对人力资源和社会保障工作的集中统一领导。主要职责是：

（一）拟定人力资源和社会保障事业发展政策、规划，起草相关法律法规草案，制定部门规章并组织实施。

（二）拟定人力资源市场发展规划和人力资源服务业发展、人力资源流动政策，促进人力资源合理流动、有效配置。

（三）负责促进就业工作，拟订统筹城乡的就业发展规划和政策，完善公共就业创业服务体系，统筹建立面向城乡劳动者的职业技能培训制度，拟订就业援助制度，牵头拟定高校毕业生就业政策。

（四）统筹推进建立覆盖城乡的多层次社会保障体系。拟订养老、失业、工伤等社会保险及其补充保险政策和标准。拟订养老保险全国统筹办法和全国统一的养老、失业、工伤保险关系转续办法。组织拟订养老、失业、工伤等社会保险及其补充保险基金管理和监督制度，编制相关社会保险基金预决算草案，参与拟订相关社会保障基金投资政策。会同有关部门实施全民参保计划并建立全国统一的社会保险公共服务平台。

（五）负责就业、失业和相关社会保险基金预测预警和信息引导，拟订应对预案，实施预防、调节和控制，保持就业形势稳定和相关社会保险基金总体收支平衡。

（六）统筹拟定劳动人事争议调解仲裁制度和劳动关系政策，完善劳动关系协商协调机制，拟订职工工作时间、休息休假和假期制度，拟订消除非法使用童工政策和女工、未成年工特殊劳动保护政策。组织实施劳动保障监察，协调劳动者维权工作，依法查处重大案件。

（七）牵头推进深化职称制度改革，拟订专业技术人员管理、继续教育和博士后管理等政策，负责高层次专业技术人才选拔和培养工作，拟订吸引留学人员来华（回国）工作或定居政策。组织拟订技能人才培养、评价、使用和激励制度。完善职业资格制度，健全职业技能多元化评价政策。

（八）会同有关部门指导事业单位人事制度改革，按照管理权限负责规范事业单位岗位设置、公开招聘、聘用合同等人事综合管理工作，拟订事业单位工作人员和机关工勤人员管理政策。

（九）会同有关部门拟订国家表彰奖励制度，综合管理国家表彰奖励工作，承担全国评比达标表彰和省部级表彰等工作，根据授权承办以党中央、国务院名义开展的国家级表彰奖励活动。

（十）会同有关部门拟定事业单位人员工资收入分配政策，建立企事业单位人员工资决定、正常增长和支付保障机制。拟订企事业单位人员福利和离退休政策。

（十一）会同有关部门拟定农民工工作的综合性政策和规划，推动相关政策落实，协调解决重点难点问题，维护农民工合法权益。

（十二）负责人力资源和社会保障领域国际交流与合作工作，拟订派往国际组织职员管理制度。

（十三）完成党中央、国务院交办的其他任务。

（十四）职能转变。深入推进简政放权、放管结合、优化服务改革，进一步减少行政审批事项，规范和优化对外办理事项，减少职业资格许可和认定等审批事项，实行国家职业资格目录清单管理，加强事中事后监管，创新就业和社会保障等公共服务方式，加强信息共享，提高公共服务水平。

（十五）有关职责分工。

与教育部的有关职责分工。高校毕业生就业政策由人力资源和社会保障部牵头，会同教育部等部门拟订。高校毕业生离校前的就业指导和服务工作，由教育部负责；高校毕业生离校后的就业指导和服务工作，由人力资源和社会保障部负责。

看了以上信息后如果觉得有些笼统，可以再具体看下网站，对业务内容进行梳理，图片如下：

人力资源和社会保障部核心职能

主要包括四个方面：就业创业、社会保障、人才人事、劳动关系。

②机构组织结构

机构组织结构主要包括：内部组织结构是什么、是否有直属的事业单位，在内设机构中哪些属于业务对口单位、哪些是信息化对口单位。

你在查看机构职能的时候，一般会附带关于内设机构的职责。

继续以人力资源和社会保障部为例，人力资源和社会保障部设下列内设机构：

（一）办公厅。负责机关日常运转，承担信息、安全、机要、保密、信访、政务公开等工作。

（二）政策研究司。组织开展人力资源和社会保障政策研究和改革推进工作，承担重要文稿起草、协调专家咨询、新闻发布等工作。

（三）法规司。组织起草相关法律法规草案和规章，承担规范性文件的合法性审查工作，承担行政复议、行政应诉等工作。

（四）规划财务司。拟订人力资源和社会保障事业发展规划和年度计划，编制相关社会保险基金预决算草案，参与拟订相关社会保障资金（基金）财务管理制度。承担统计、信息规划、国有资产管理、内部审计、有关国际援贷款项目等工作。

（五）就业促进司。拟订就业规划、计划和劳动者公平就业、农村劳动力转移就业、跨地区有序流动等政策，健全公共就业创业服务体系。牵头拟订高校毕业生就业政策，拟订就业援助、特殊群体就业等政策，参与拟订就业补助资金管理办法。

（六）人力资源流动管理司。拟订人力资源市场、人力资源服务业发展和人力资源流动的政策和规划，指导人力资源社会服务机构管理工作，拟订人员（不含公务员）调配政策并组织实施。

（七）职业能力建设司。组织拟订技能人才培养、评价、使用和激励制度，拟订城乡劳动者职业培训政策、规划，指导开展技工学校教育和职业技能培训，指导师资队伍和教材建设，拟订职业分类、职业技能标准。

（八）专业技术人员管理司。组织推进深化职称制度改革，拟订专业技术人员管理和继续教育政策，完善职业资格和博士后管理制度，承担高层次专业技术人才规划、培养和组织享受政府特殊津贴人员选拔工作。拟订吸引留学人员来华（回国）工作、定居和国（境）外机构在国内招聘专业技术骨干人才管理政策。

（九）事业单位人事管理司。指导事业单位人事制度改革，拟订事业单位工作人员和机关工勤人员管理政策，按照管理权限承办事业单位岗位设置的备案事宜，拟订事业单位招聘国（境）外人员（不含专家）政策。

（十）农民工工作司。拟订农民工工作综合性政策和规划，推动相关政策落实，维护农民工合法权益，协调处理涉及农民工的重点难点问题和重大事件。

（十一）劳动关系司。拟订劳动关系政策和劳动合同、集体合同制度，拟订职工工作时间、休息休假和假期制度，拟订消除非法使用童工政策和女工、未成年工特殊劳动保护政策。拟订企业职工工资收入分配的宏观调控和支付保障政策，指导和监督国有企业工资总额管理和企业负责人工资收入分配。

（十二）工资福利司。拟订事业单位工作人员和机关工勤人员工资收入分配、福利和离退休政策，组织拟订事业单位驻外非外交人员等工资政策，承担中央事业单位绩效工资总量管理工作。

（十三）养老保险司。拟订机关企事业单位基本养老保险、企业（职业）年金、个人储蓄性养老保险政策和标准，拟订养老保险全国统筹和基金管理办法，完善基金预测预警制度，审核省级基本养老保险费率。

（十四）失业保险司。拟订失业保险政策、标准和基金管理办法，建立失业监测和预警制度，拟订预防、调节、控制较大规模和经济结构调整中涉及职工安置权益保障的政策。

（十五）工伤保险司。拟订工伤保险政策、规划和标准并组织实施，完善工伤预防、认定和康复政策，组织拟订工伤与职业病致残等级鉴定标准。

（十六）农村社会保险司。拟订城乡居民基本养老保险和被征地农民社会保障的政策、规划、标准，拟订征地方案中有关被征地农民社会保障措施的审核办法并组织实施。

（十七）社会保险基金监管局。拟订基本养老、失业、工伤等社会保险及企业（职业）年金、个人储蓄性养老保险基金监管制度和养老保险基金运营政策，依法监督基金的收支、管理和投资运营，组织查处重大案件，参与拟订相关社会保障基金投资政策。

（十八）调解仲裁管理司。拟订劳动人事争议调解仲裁制度并指导实施，指导开展劳动人事争议预防工作，依法指导处理重大劳动人事争议。

（十九）劳动保障监察局。拟订劳动保障监察工作制度，依法查处和督办重大案件，指导地方开展劳动保障监察工作，协调劳动者维权工作，组织处理有关突发事件。

（二十）国家表彰奖励办公室。拟订国家表彰奖励制度，根据授权承办以党中央、国务院名义开展的表彰奖励活动，承担相关国家表彰奖励获得者、国务院荣誉称号获得者和省部级荣誉称号获得者的管理等工作，承担全国评比达标表彰和省部级表彰有关工作。

（二十一）国际合作司（港澳台办公室）。承办国际交流合作、与港澳台交流合作和外事管理工作，拟订派往国际组织职员管理制度。

（二十二）人事司。承担机关和直属单位的人事管理、机构编制和队伍建设等工作，承办中央管理的部分领导人员的行政任免手续。

（二十三）机关党委。负责机关和在京直属单位的党群工作。

（二十四）离退休干部局。负责机关离退休干部工作，指导直属单位的离退休干部工作。

通过内设机构的职责可以了解不同司局的分管业务，当不同司局作为我们交流对象的时候，需要突出相应的交流重点。

直属事业单位一般会有单独的页面显示，继续以人力资源和社会保障部为例，具体部属单位如下：

部属单位	
机关服务中心	信息中心
宣传中心	统计调查中心
社会保险事业管理中心	中央国家机关养老保险管理中心
中国就业培训技术指导中心	职业技能鉴定中心
中国人事科学研究院	中国劳动和社会保障科学研究院
中国高级公务员培训中心	教育培训中心
社会保障能力建设中心	人事考试中心（公务员考试测评中心）
全国人才流动中心	国际交流服务中心
留学人员和专家服务中心	中国人事报刊社
中国劳动保障报社	中国人力资源和社会保障出版集团

人力资源和社会保障部部属单位

其中尤其需要关注的是信息中心，信息中心一般承担机构内部信息化工作，是我们主要的服务对象。

人力资源和社会保障部信息中心是受部委托，综合管理有关人力资源和社会保障网络安全和信息化工作的部直属事业单位。主要职责如下：

（一）拟订人力资源和社会保障网络安全和信息化建设的总体规划和实施方案，组织信息系统总体设计，并组织实施。参与国家级网络安全和信息化建设项目立项文件编制的有关工作。

（二）组织开展全国人力资源和社会保障信息系统建设工作，拟订人力资源和社会保障信息系统标准、技术规范和管理制度。负责部本级信息系统规划建设、开发实施、运行管理等工作。负责电子签名、电子印章、电子证照、电子档案等技术支撑体系建设。

（三）负责人力资源和社会保障全国统一应用软件技术规范和标准的制定，组织软件的研发、推广和升级维护工作，并组织拟订相关管理制度。

（四）拟订中华人民共和国社会保障卡的标准和规范。负责全国社会保障"一卡通"工程建设，负责全国社会保障卡应用管理工作，组织实施社会保障卡线上服务平台建设应用，负责中央国家机关事业单位社会保障卡发行应用管理工作。

（五）拟订人力资源和社会保障大数据规划，并组织实施。负责人力资源和社会保障国家级、部级数据库的建设和运行管理。负责部本级信息资源的整合和开发利用工作。组织全国人力资源和社会保障信用信息平台建设应用。组织开展人力资源和社会保障系统与相关部门的信息交换与共享工作。

（六）负责组织和推动全国统一的人力资源和社会保障公共服务信息系统建设，负责组织全国统一的社会保险公共服务平台系统建设。

（七）负责人力资源和社会保障系统全国网络建设的规划设计和标准规范的制定工作，承担全国联网的组织实施和运行维护工作，承担部本级网络运行管理工作。

（八）负责组织全国人力资源和社会保障网络安全体系建设、运行和管理，制定网络安全方案、标准规范和相关规章制度，组织网络安全检查、评估及等级评定。承担部本级信息系统安全保密工作。

（九）拟订人力资源和社会保障网络安全信任体系相关标准和规范，并组织实施。承担全国信任源点的建设、运行维护和管理工作。

（十）负责人力资源和社会保障系统网站建设的规划和指导，承担部门户网站建设、技术支持和运行维护。

（十一）制定全国 12333 电话服务发展规划，指导地方开展 12333 电话服务，承担部本级 12333 电话服务中心的建设、管理和运行维护。

（十二）负责中央和国家机关公务员考试网上报名系统的建设和运行管理。

（十三）指导地方人力资源和社会保障网络安全和信息化建设。

（十四）负责全国人力资源和社会保障网络安全和信息化队伍建设，组织开展培训。

（十五）组织全国人力资源和社会保障网络安全和信息化工作的对外交流与合作。

（十六）负责对部本级办公自动化系统和全国视频会议系统提供技术支持服务。

（十七）具体落实部网络安全和信息化领导小组的各项工作要求，统筹、协调、组织、推动全国人力资源和社会保障网络安全和信息化工作，承担部网络安全和信息化领导小组办公室的日常工作。

（十八）承担部里交办的其他事项。

③机构服务对象

是指这个机构的服务对象，比如，社会保障的服务对象包含以下两类：

● 参保人：城镇职工、城乡居民、机关事业单位工作人员、失地农民。

● 参保单位：企业、事业单位、社会团体、基金会、民办非企业单位、城镇个体工商户。

（2）梳理政策逻辑

无论是哪种客户类型，一定有相关的政策或者建设标准要求，而这些就是我们要跟客户交流的基础。

政策文件主要包含这么几类：

①法律层面

由全国人民代表大会常务委员会制定，主要是对《宪法》权利义务的细化，包括《社会保险法》《就业促进法》等。

②政策法规层面

由国务院制定，主要是从制度的某一方面进行细化，包括《失业保险条例》等。

③地方法规层面

由地方人民代表大会及其常务委员会制定，主要将法律、法规"本地化"处理，使制度更加适应当地的实际情况，包括《上海市城镇职工社会保险费征缴若干规定》。

④规章层面

国务院各部、各委员会或者各地方政府等具有行政管理职能的直属机构制定，从业务办理、工作流程、工作规范等角度进一步规范，如《失业保险金申领发放办法》。

⑤发展规划层面

属于一种行政性安排，针对某一具体事务的（大的、一个长时间的）计划，如《人力资源和社会保障事业发展"十三五"规划纲要》。

法律 → 行政法规 → 地方法规 → 地方规章

法律效力图

⑥法律效力层面

一般法律效力大于行政法规和规章，行政法规的法律效力大于地方法规，地方法规的效力大于地方规章。

政策文件梳理包括了以下两步：

第一步，进行政策文件收集。

继续以人力资源和社会保障部的社会保障业务举例，需要梳理的政策文件包括：

①法律层面：

《中华人民共和国社会保险法》（中华人民共和国主席令第三十五号）。

②行政法规：

《国务院关于印发完善城镇社会保障体系试点方案的通知》（国发〔2000〕42 号）；《国务院关于深化企业职工养老保险制度改革的通知》（国发〔1995〕6 号）；《失业保险条例》（国务院令第 258 号）；

《工伤保险条例》（中华人民共和国国务院令第 375 号）。

③规章：

《企业职工生育保险试行办法》（劳部发〔1994〕504 号）；

《社会保险行政监督办法》（中华人民共和国劳动和社会保障部令第 12 号）；

《社会保险个人权益记录管理办法》（中华人民共和国人力资源和社会保障部令第 14 号）；

《社会保险费申报缴纳管理规定》（中华人民共和国人力资源和社会保障部令第 20 号）。

④发展规划：

《人力资源社会保障部关于印发人力资源和社会保障事业发展"十三五"规划纲要的通知》（人社部发〔2016〕63 号）。

第二步，进行政策文件梳理。

首先，通过对政策文件的梳理，可以了解不同文件之间的关系和传承。比如：根据《社会保险费申报缴纳管理规定》（中华人民共和国人力资源和社会保障部令第 20 号）规定，"本规定自 2013 年 11 月 1 日起施行。原劳动和社会保障部《社会保险费申报缴纳管理暂行办法》（劳动和社会保障部令第 2 号）同时废止。"

再比如，根据《社会保险个人权益记录管理办法》（中华人民共和国人力资源和社会保障部令第 14 号）规定，"根据《中华人民共和国社会保险法》等相关法律法规的规定，制定本办法。"

其次，可以梳理出目前发展的问题，下一步发展的方向。

通过《人力资源和社会保障事业发展"十三五"规划纲要》可以看出，在业务方面的工作重点主要是法定人员全覆盖、完善制度、待遇合理调整、基金安全运行，其中与信息化比较相关的就包括"建立全面、完整、准确的社会保险基础数据库""建立完善国家级异地就医管理和费用结算平台""全面推行运用医疗服务监控系统""实行生育保险与基本医疗保险参保人员登记、缴费、管理、经办、信息系统统一""完善基金监督信息系统"，这些就是公司开展业务的商机，未来也会成为售前的解决方案。

（3）学习行业基本术语

在看政策的过程中，不但可以对目前业务发展历程有个熟悉度，而且会清楚不同的术语以及政府行文。将这些应用于方案的编写中，也更容易被客户认可。

基本术语是客户交流的基础，术语错了或者理解不对，客户会认为你不专业。

比如在社会保障行业，需要弄懂的包括社会救助、社会福利、社会优抚、社会保险。而在社会保险中又需要弄懂养老保险、医疗保险、生育保险、工伤保险、失业保险，明白不同概念之间的相似点和不同点。

2. 四个角度助你理解企业业务

每个企业都有其独特的背景，了解一个新的企业可以通过以下几个方式。

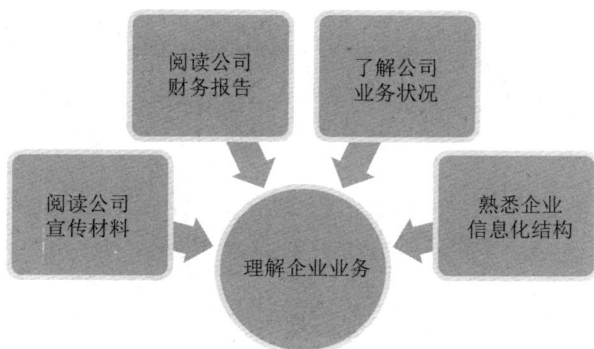

企业业务分析方法

（1）阅读公司宣传材料

包括公司网站信息、公司的宣传册。可以基本了解该公司的发展历程、组织架构、核心业务、重要客户等信息。

以中国人寿保险（集团）公司为例，通过官网等信息梳理如下：

①发展历程：

1996 年，中保人寿保险有限公司在承继原中国人民保险公司全部人身保险业务和重组 17 家地方寿险公司的基础上组建成立，进入了专业化经营时代。

1999 年 3 月，中保人寿保险有限公司更名为中国人寿保险公司，成为国有独资的一级法人，直接隶属于国务院。

2003 年 6 月，中国人寿保险公司重组为中国人寿保险（集团）公司，并独家发起设立了中国人寿保险股份有限公司。12 月 17 日和 18 日，中国人寿保险股份有限公司分别在纽约和香港成功上市。

2003 年，集团公司和寿险公司联合发起设立了中国人寿资产管理有限公司。

2006 年底，财险公司和养老险公司相继成立。

2007 年 1 月 9 日，寿险公司在上海成功回归 A 股。自此，中国人寿成为中国首家境内外三地上市的金融保险企业。

2011 年 11 月份集团公司的组织关系及人事权已统一交至中组部，升格为副部级央企。

2015 年 6 月 8 日，中国人寿保险 (新加坡) 有限公司正式成立并对外营业，国际化拓展迈出坚实步伐。

2016 年 3 月 1 日，中国人寿持股比例将由 20% 增至 43.686%，成为广发银行单一最大股东。

②核心业务：

保险板块，主要是从事境内外人身险业务、财险业务；

投资板块，主要从事投资管理、企业/职业年金、公募基金、财富管理业务；

银行板块，主要从事商业银行业务。

③组织架构：

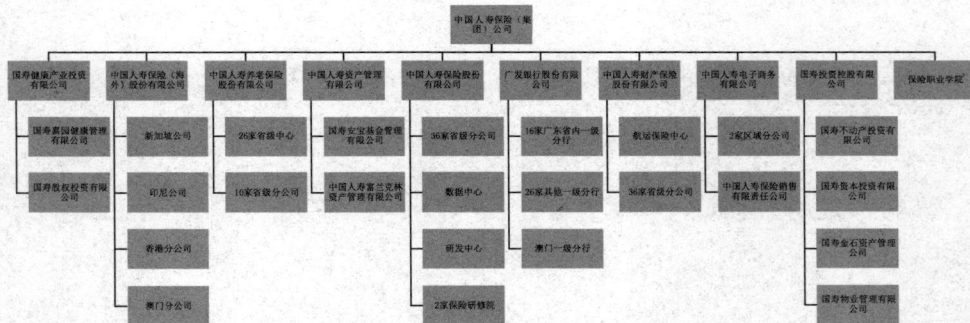

中国人寿组织架构图

④信息化进展：

2018 年数据中心进一步深入推进云计算技术应用，成功打通"两地三中心"资源，实现了从基础资源、应用软件到服务能力的全面云化，成功打造了中国人寿云化多活数据中心，可为全集团提供更加高效、动态、灵活、可伸缩的统一 IT 基础资源、系统运行和灾备服务。

集团人工智能平台"国寿大脑"全面建成。通过慧听、慧眼、慧学三个子平台，对全集团输出 11 项人工智能能力，支撑各单位人工智能应用全面落地，作为保险业唯一代表成功入选"2020 年金融信息化 10 件大事"。

紧抓移动互联、人工智能、大数据、云计算、区块链等新技术发展机遇，快速推进新技术落地场景研究和应用系统建设，积极抢占金融科技创新应用制高点，努力通过新技术为主业助力。

（2）阅读公司财务报告

财务报告通常包括资产负债表、损益表、现金流等。阅读财务报告可以看出该公司在利润、市场份额、股东价值和负债方面的表现。

还是以中国人寿保险（集团）公司为例。

中国人寿保险股份有限公司公布的 2020 年度公司业绩显示，截至 2020 年 12 月 31 日止年度，该公司总资产达人民币 42 524.10 亿元，较 2019 年底增长 14.1%；内含价值为人民币 10 721.40 亿元，较 2019 年底增长 13.8%。该公司营业收入为人民币 8 249.61 亿元，同比增长 10.7%；该公司实现保费收入人民币 6 122.65 亿元，同比增长 8.0%，市场领先地位稳固；一年新业务价值为人民币 583.73 亿元，同比基本保持稳定。该公司投资资产达人民币 40 964.24 亿元，较 2019 年底增长 14.6%。总投资收益率为 5.30%，净投资收益率为 4.34%，考虑当期计入其他综合收益的可供出售金融资产公允价值变动净额后，综合投资收益率为 6.33%。归属于母公司股东的净利润为人民币 502.68 亿元，扣除非经常性损益后归属于母公司股东的净利润为人民币 505.13 亿元。

（3）了解公司业务状况

通常可通过两种方式了解到公司的业务状况。

①阅读企业相关文档：包括现有系统介绍、公司的规章制度、员工手册、公司主要业务部门及相关职能等。

这些资料需要在与企业交流的过程中获得，可以从公司目前已经积累的资料或者其他同事手中拿到，提前学习理解。

②访谈：对重要角色进行访谈。在访谈之前要了解相关人的职务、汇报给谁、新系统对他个人的影响等，主要通过访谈来了解数据、流程、外部机构和业务规则。

这一步一般是与企业交流后，获取客户的信任之后做的事情。

访谈需要做充分的准备，访谈之前需要列明提纲。访谈对象可以针对企业主要负责人，也可以针对不同的业务部门。

访谈问题举例如下：

● 部门负责的主要事项；

● 与其他哪些部门业务比较密切；

● 哪些业务已经通过信息化的方式来开展；

● 还有哪些业务需要信息系统的支持？

……

（4）熟悉企业信息化结构

企业信息化结构一般分为：

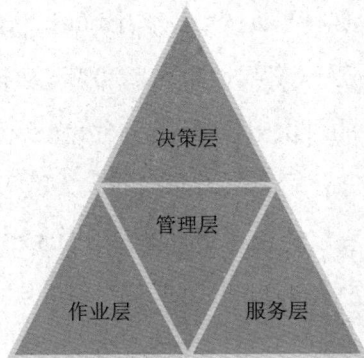

企业信息化结构

①服务层：提供产品或服务供用户使用。比如很多企业通过网站、手机App、微信公众号、咨询电话等向用户提供服务。

②作业层：主要是利用计算机代替人工操作，并完成基本数据的采集，在日常事务处理、报表业务查询、销售业务管理等方面提供相应报表。比如很多企业由销售人员使用 CRM 客户关系管理系统以及财务人员使用的财务系统。

③管理层：是在基层数据采集和分析的基础上，结合企业经营战略对财务、库存、销售、人事等进行有效管理。比如解决数据分割、整合各部门信息和应用的 ERP 系统。

④决策层：通过获得的各类数据确定企业目标、纲领和实施方案进行宏观控制。比如解决战略问题和长期规划的 ESS 系统。

3．三个步骤助你理解所在行业

一般情况下，售前资料的积累基本都是由调研或与客户交流而来的。个人也可以基于对公司现有资料的系统性思考和梳理，实现迭代版或优化版解决方案的输出。

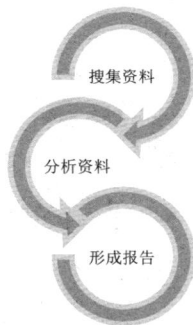

搜集资料

分析资料

形成报告

行业分析方法

（1）搜集资料

收集行业、本公司、竞争对手重点企业的有效资料。这个过程会查阅大量的资料，搜集到的所有信息只为一个目的，就是分析出该业务领域中的痛点。

这里继续以人力资源和社会保障行业为例，具体步骤如下：

第一步，从人力资源和社会保障部网站下载政策文件（尤其是信息化推进文件），获取人力资源和社会保障部相关领导讲话。

第二步，通过研究型网站获取相关专家的研究文章。

第三步，根据人力资源和社会保障部网站，获取信息系统统一应用软件前台技术支持商名单，并通过供应商网站查看相应解决方案。

（2）分析资料

对资料进行分析、分类、汇总。主要是从以下几个方面展开：

①本公司做了哪些项目，这些项目的亮点和特点体现在哪里，比如人社行业中部分供应商市场占有率较高。

②竞争对手做了哪些项目，有哪些亮点和特点，比如部分供应商进入行业较早，对行业理解较深入。

③其他国家是如何解决痛点的。比如澳大利亚依据联邦服务代理法案设立了社会保障电脑网络（Centrelink）服务机构，Centrelink 拥有澳大利亚第四大 IT 网络系统，主要通过远程访问服务、视频会议、Centrelink 在线等渠道为公众提供 140 多项服务。

（3）形成报告

参考同类行业书籍、编写写作提纲、确定文章结构和逻辑方向。定期向领导或者部门提交调研报告，然后大家进行评审、交流提高。

内容包括并不限于以下几个方面：

①产品属于行业链条的哪一部分：比如门户网站，主要是作为用户在公众端获取相关信息的渠道。

②公司产品为了谁而设计：公司产品主要是面向公众设计，比如人力资源和社会保障部的服务对象或者潜在服务对象。

③用户会在什么场景下使用产品：比如用户会在需要办理相关业务或者查询人力资源和社会保障部政务公开信息时使用该网站。

④公司产品有什么价值、为客户解决了什么问题：主要满足客户信息公开的需求。

⑤产品具有哪些功能、使用流程：主要功能包括前端信息展示、后端信息发布，使用流程主要是浏览、下载以及登陆、办理相关业务。

2.1.2　实现业务现状分析，才能与客户达成共识

当我们对客户的业务和信息化现状有了基本了解之后，需要对客户的业务进行分析，这是我们了解行业以及为客户规划项目的重要步骤。

1．四步骤实现客户业务现状分析

（1）现状分析

实现对目前现状以及未来业务发展目标的分析。比如编制《十三五时期的人力资源与社会保障信息化项目建议书》就需要对"十二五"期间取得的成就进行列举，对十三五时期需要发展的目标进行分析。

（2）发展趋势

包括政策发展方向以及与其他国家或地区行业进行分析对标。包括国内发展经验、其他行业和应用领域发展经验、技术发展趋势等。

（3）问题分析

主要是对目前现状与未来发展目标之间的差距分析。继续以《"十四五"时期的人力资源与社会保障信息化项目建议书》的编制为例，需要对目前与未来管理服务对象有关问题、政务职能有关的问题进行分析。

（4）目标分析

建设目标一般是能够"总结提炼的能够概括核心内容的简短描述"，我们规划的目标一定是清晰的、明确的，要在整个信息化规划过程中围绕这个主题展开，因此一般都需要较高层面的归纳。

2．通过 SCQA 框架进行业务分析展示

麦肯锡咨询顾问芭芭拉·明托在《金字塔原理》中提出的，SCQA 模型是一个"结构化表达"工具。

S	C	Q	A
Situation 情景	Complication 冲突	Question 疑问	Answer 回答

SCQA 框架

S（Situation）情景——由大家都熟悉的情景、事实引入。

C（Complication）冲突——实际情况往往和我们的要求有冲突。

Q（Question）疑问——怎么办？

A（Answer）回答——我们的解决方案是什么。

下面以社会保障行业中的重复参保为案例作简要说明。

S（Situation）情景——人口流动大，各地信息系统没有打通，无法获知不同地区的参保情况。存在重复参保现象，比如在家乡地参加新农合，在工作地又参加了城镇职工医疗保险。

C（Complication）冲突——根据要求，所有符合参加城镇居民医疗保险和城镇职工医疗保险条件的人员，同一年度每人只能选择参加新型农村合作医疗险、城镇居民或城镇职工基本医疗保险其中一种，禁止同一个人、同一年度参加上述医疗保险中的两项。

Q（Question）疑问——怎么办？

A（Answer）回答——我们的解决方案是在建立全国全民参保登记库，实现与各省信息系统对接。

2.2 技术就像暗恋，想说爱你不容易

技术是实现信息化的基础。客户虽然不关心技术实现的细节，但关注解决方案基于什么技术实现。这种技术是不是可以在三五年内都处于领先位置、是否足够安全等。

因此，你既要懂技术的概念也要能够把技术在方案中呈现出来，并且了解到该技术的前沿知识以便能够与客户开展更为深入的交流。

2.2.1　掌握技术基础概念，这是售前的入门必备 ▬▬▬

以下内容根据相关资料进行梳理，作为售前需要掌握的基本技术知识。

1．掌握服务器和存储

（1）服务器

服务器在网络中为其它客户机（如 PC、智能手机、ATM 等终端甚至是火车系统等大型设备）提供计算或者应用服务。服务器具有高速的 CPU 运算能力、长时间的可靠运行、强大的 I/O 外部数据吞吐能力以及更好的扩展性。

服务器主要包括以下两类：

① x86 服务器：即通常所讲的 PC 服务器，它是基于 PC 体系结构，使用 Intel 或其他兼容 x86 指令集的处理器芯片和 Windows 操作系统的服务器，主要特点是价格便宜、兼容性好、稳定性较差。

②非 x86 服务器：包括大型机、小型机和 UNIX 服务器，它们是使用 RISC 或 EPIC 处理器，并且主要采用 UNIX 和其他专用操作系统的服务器，主要特点是稳定性好、性能强。

主要的服务器软件有以下几种：

①数据库服务器：实现 Web 服务器和后台的应用程序或数据库之间的事务处理和数据访问，如 Oracle；

②应用服务器：用于为应用程序提供安全、数据、事务支持、负载平衡大型分布式系统管理等服务，如 Weblogic；

③ Web 服务器：主要负责制定网络通信规则、搜索和管理网页。

主要的服务器操作系统包括 Windows、Linux、Unix 等。

（2）存储

存储是指数据以某种格式记录在计算机内部或外部存储媒介上。现阶段的主要媒介类型包括硬盘、移动存储设备、网盘和云盘。

网络存储结构分为以下三类：

① DAS（Direct Attached Storage，直接附加存储）：DAS 这种存储方式与我们普通的 PC 存储架构一样，外部存储设备都是直接挂接在服务器内部总线上，数据存储设备是整个服务器结构的一部分。

② NAS（Network Attached Storage，网络附加存储）：它采用独立于服务器，单独为网络数据存储而开发的一种文件服务器来连接所存储设备，自然地形成一个网络。

③ SAN（Storage Area Network，存储区域网络）：SAN 存储方式创造了存储的网络化。存储网络化顺应了计算机服务器体系结构网络化的趋势。

2．理解软件工程过程

软件工程即使用工程的方法进行软件的开发、管理和维护。

软件工程主要包括以下过程：

需求分析　　软件设计　　软件开发　　软件测试　　软件维护

软件工程过程

（1）需求分析

软件需求是对待解决问题特性的描述。所定义的需求必须可以被验证，并可以通过优先级对需求进行权衡。目的是解决需求之间的冲突、软件与环境如何交互、软件的边界，并且实现从系统需求到软件需求。

（2）软件设计

软件设计主要是根据软件需求对软件内部结构进行描述，可以分为软件架构设计和软件详细设计两个阶段。

（3）软件开发

把软件设计转换成计算机可以接受的程序。包括结构化方法（注重开发过程的整体性和全局性，但是开发周期长、文档说明烦琐）、原型法（可以通过原型确认需求实现快速迭代，避免后期返工）、面向对象开发方法。

（4）软件测试

主要确定系统是否达到预期，包括单元测试、集成测试和系统测试等。

（5）软件维护

主要保障软件正常运行，包括更正性维护、适应性维护、完善性维护。

3．常用软件架构模式

软件架构设计的目的是为了达到架构及软件重用。常用的软件架构模式包括管道／过滤器模式、面向对象模式、事件驱动模式、分层模式、客户机／服务器模式。

其中对客户机／服务器模式（Client/Server，C/S）的介绍如下：

基于资源不对等，为实现对等而提出的模式。将应用一分为二，服务器（后台）负责数据操作和事务处理，客户机（前台）完成与用户交互的任务。

①优点：运行网络分布操作；一个服务器可以服务多个客户机。

②缺点：通信依赖于网络；服务器负荷重；数据安全性不好。

为了解决 C/S 模式中客户端的问题，发展出了浏览器／服务器（Brower/Server，即 B/S）模式。

为了解决 C/S 模式中服务端的问题，发展出了三层（多层）C/S 模式，应用服务器负责处理业务逻辑，浏览器负责交互和展现。

4．熟悉计算机网络

计算机网络主要是通过客户机／服务器来实现的，客户机负责计算处理，网络服务器为用户提供共享信息资源和各种服务。

（1）网络分类

根据计算机网络覆盖的地域范围分类，计算机网络分为局域网、城域网和广域网。

①局域网，英文缩写为"LAN"，主要通过集线器进行传输。

②广域网，英文缩写为"WAN"，主要通过路由器进行网络传输。

③互联网，英文为"internet"，是指以一组通用协议相连的网络。

④万维网，英文为"World Wide Web"，主要基于超文本协议进行传输。

（2）网络接入技术

网络接入技术包括光纤接入、同轴接入、铜线接入、无线接入。

①光纤接入：光纤是目前传输速率最高的传输介质，主要用于主干网。

②同轴接入：同轴电缆传输带宽比较大，CATV 网是一种混合光纤同轴网络。

③铜线接入：以现有电话线为传输介质，传输带宽有限。

④无线传输：主要是通过微波和卫星进行传输。

（3）网络规划设计

网络规划设计包括网络拓扑结构设计、主干网络（核心层）设计、汇聚层和接入层设计、广域网连接和与远程访问设计、网络安全设计。

①网络拓扑结构设计：主要考虑因素包括地理环境、传输介质以及可靠性。

②主干网络（核心层）设计：根据需求分析中用户方规模大小、网上传输信息的种类和用户方可投入的资金等因素来考虑。

③汇聚层和接入层设计：汇聚层存在与否取决于网络规模的大小。

④广域网连接和与远程访问设计：根据网络规模大小、网络用户数量来选择对外联通的带宽。

⑤网络安全设计：主要的网络和信息安全产品包括防火墙、扫描器、防毒软件、安全设计系统等。

（4）网络通信设备

局域网、城域网还是广域网，在物理上通常都是由网卡、集线器、交换机、路由器、网线、RJ-45 接头等网络连接设备和传输介质组成的。

主要网络通信设备选型包括核心交换机选型、汇聚层 / 接入层交换机选型、远程接入与访问设备选型、安全设备选型。

2.2.2　懂得基本框架才能更好地写方案

售前的重要工作之一就是编制方案，包括项目建议书、项目可行性研究报告、项目实施方案等。

在写方案过程中需要用到一些基本技术内容，如下：

1．标准规范体系

标准规范体系是为了告诉读者未来系统的规划设计主要遵循的行业标准和技术标准。

一般对于信息化方面的标准，主要包括以下两类：

（1）国家技术类标准：

①计算机软件相关国家标准

> GB/T 9385—2008　　计算机软件需求规格说明规范
>
> GB/T 9386—2008　　计算机软件测试文档编制规范
>
> GB/T 15532—2008　　计算机软件测试规范
>
> GB/T 8567—2006　　计算机软件文档编制规范
>
> GB/T 14394—2008　　计算机软件可靠性和可维护性管理
>
> GB/T 19003—2008　　软件工程 GB/T 19001—2000 应用于计算机软件的指南
>
> ……

②电子政务类标准

> GB/T 25647—2010　电子政务术语　2010-12-01　2011-04-01　现行
>
> GB/T 21064—2007　电子政务系统总体设计要求　2007-09-10　2008-03-01　现行

GB/Z 19669—2005　XML 在电子政务中的应用指南　2005-02-18　2005-05-01　现行

GB/T 19486—2004　电子政务主题词表编制规则　2004-04-05　2004-10-01　现行

GB/T 19488.1—2004　电子政务数据元　第 1 部分：设计和管理规范　2004-04-05　2004-10-01　现行

GB/T 19487—2004　电子政务业务流程设计方法　通用规范　2004-04-05　2004-10-01　现行

③企业信息化相关标准

GB/T 25109.1—2010　企业资源计划　第 1 部分：ERP 术语　2010-09-02　2010-12-01　现行

GB/T 25109.2—2010　企业资源计划　第 2 部分：ERP 基础数据　2010-09-02　2010-12-01　现行

GB/T 25109.3—2010　企业资源计划　第 3 部分：ERP 功能构件规范　2010-09-02　2010-12-01　现行

GB/T 35123—2017　自动识别技术和 ERP、MES、CRM 等系统的接口　2017-12-29　2018-07-01　现行

GB/T 25109.4—2010　企业资源计划　第 4 部分：ERP 系统体系结构　2011-01-14　2011-06-01　现行

GB/Z 18728—2002　制造业企业资源计划 (ERP) 系统功能结构技术规范　2002-05-20　2002-12-01　现行

（2）行业应用类标准

①业务应用标准

业务应用标准用于指导业务应用系统建设过程中的工作表述方式。

②安全类标准

安全标准依照等级保护体系标准确定相应管理和执行规范。

③管理类标准

依照 CMMI 及 ITLL 管理体系进行编制，可以包括项目管理方法、文档管理规范、运行维护管理规范、用户管理规范、质量管理规范。

2．信息安全体系

信息安全体系编制的目的是告诉读者如何保障规划设计的信息系统安全。信息安全方面需要关注 2016 年发布的中华人民共和国主席令（第五十三号）《中华人民共和国网络安全法》和 2019 年 4 月份出台的等级保护 2.0 标准，包括《信息安全技术网络安全等级保护基本要求》《信息安全技术网络安全等级保护测评要求》《信息安全技术网络安全等级保护安全设计技术要求》等。

网络安全等级保护是指对网络和信息系统按照重要性等级分级别保护的一种工作。安全保护等级越高，安全保护能力就越强。

在方案编制方面一般需要包括以下内容：

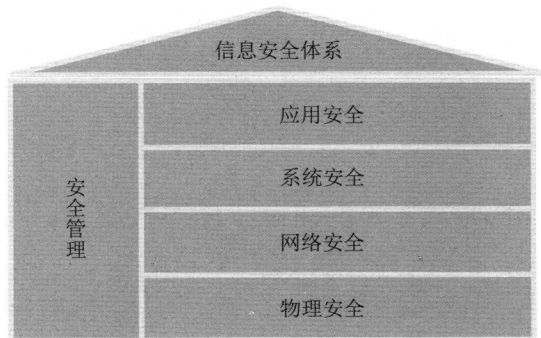

信息安全体系图

①安全管理：主要是管理层面上保证安全，需要对安全管理机构进行描述以及建立规范的安全管理制度。

②物理安全：主要是保证环境、设备以及存储介质的安全。

③网络安全：主要包括防止数据的泄露与篡改以及中间业务网络和互联网出口没有安全威胁。

④系统安全：主要保障网络中采用的操作系统、数据库及相关商用产品的安全。

⑤应用安全：主要包括通过 CA 系统、网页防篡改、传输加密、入侵防御系统、访问控制等保证应用程序安全。

3．系统平台设计

系统平台主要是描述清楚系统所需基础设施内容的整体规划设计，包括硬件如何配置、资源如何部署等。

系统平台设计主要包括以下内容：

（1）核心业务处理

主要描述对于服务器资源的需求。比如，中高端小型机实现对数据库服务器的支撑，若有 2 台小型机，使用双机集群软件，通过一组磁盘阵列子系统实现数据的冗余和容错，并实现资源和应用的分配；通过多台 PC 服务器实现应用服务器的支持和负载均衡（用来平衡电脑各部件或大型电脑、服务器各主机的资源使用率）。

（2）数据存储

主要描述对存储资源的需求。比如，主存储通过磁盘阵列实现，分区支撑核心业务，并需要考虑业务量增长；通过虚拟带库实现实时在线备份。

（3）数据交换

主要描述数据如何进行交换，包括如何实现内部数据交换（比如从生产库抽取到交换库）和外部数据交换（比如通过前置服务器实现）。

（4）外网服务

主要实现各种渠道对用户提供服务。在外网服务区的服务器，主要用于防病毒、Web 服务和安全管理服务。

（5）运维管理

实现对数据中心网络、计算机、数据等资源管理，包括管理服务器（检测设备运行、故障定位以及应用审计）、数据备份服务器（实现数据集中备份和恢复）等。

（6）网络系统

主要描述网络如何规划。比如，核心数据区主要通过核心交换机、千兆以太网接入；广域网接入区域，对于经办机构通过业务专网接入，对于外部机构通过光纤接入；运维管理区，通过网管平台实现 IP 协议拓扑管理。

4．信息资源中心

信息资源中心主要用于对信息的存储，对系统所产生的信息资源进行规划设计。

根据不同的业务领域和管理分工将信息资源进行分类，包括生产库、历史库、交换库。

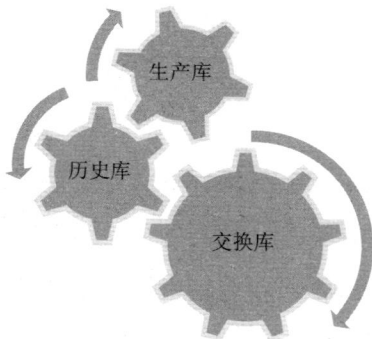

信息资源分类

①生产库：主要包括各类业务资源数据库，主要用于业务经办。

②历史库：主要包括长期积累的业务经办历史数据库，为了提高现有业务系统的经办效率，会把相关的历史数据转入历史区。

③交换库：备份业务资源数据库中的结果性数据，同时支持与横向与纵向数据交换。

5．项目实施计划

项目实施计划的目的是对规划设计的系统实施层面的安排部署，主要涵盖以下内容：

（1）系统实施过程

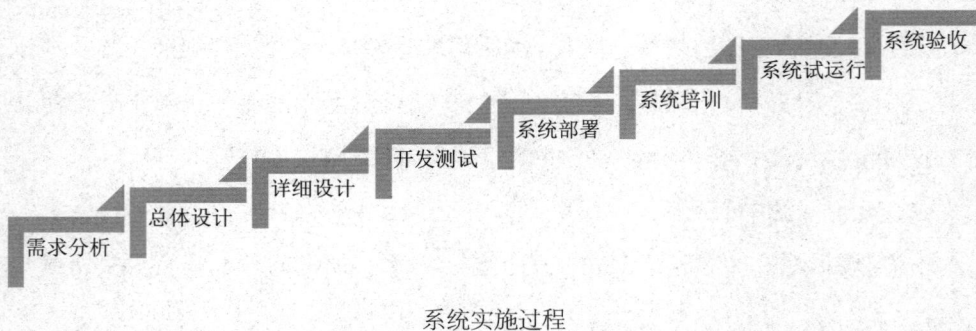

系统实施过程

①需求分析阶段：根据调研中系统实际技术需求和各个子系统的业务需求，编写并向客户提交符合规范要求的《系统需求分析报告》。

②总体设计阶段：通过对系统的功能、运行和性能要求加以分析，产生一个高层次的系统结构、软件结构、接口和数据格式的设计，并向客户提交《系统设计报告》。

③详细设计阶段：对功能和性能要求进一步加以分析和细化，并且把软件的详细设计文档化，向工程领导小组提交《系统详细设计报告》。

④开发测试阶段：项目开发小组要严格依据《项目实施计划》控制项目进度，保质保量地推进开发测试工作，并定期向客户提交工作周报。

⑤系统部署阶段：主要实现软件在服务器端的安装和调试，完成后需向系统维护人员提交《数据库安装目录》《软件安装方法》文件，并协助用户进行软件安装。

⑥系统培训阶段：需要根据用户的不同层次进行培训，以保证相关使用人员能够熟练使用各自的业务系统，维护人员能掌握必要的系统维护知识和技术。

⑦系统试运行阶段：试运行期内用户负责组织针对《软件功能清单》所列的系统功能模块进行现场的系统测试，包括新旧两套系统并行工作一段时间进行验证，使每个功能模块都得到基本确认。

⑧系统验收阶段：该项目建设在达到付款条件中的要求，用户根据进度计划以及中标人提交的项目验收请求安排项目验收。

（2）项目实施计划

主要包括以下两个计划：

①总体设计计划：主要编制方式是 Excel 表格，重点强调项目的主要阶段和完成日期。

②详细开发计划：主要通过 Visio 或者 Project 进行展示，重点是对不同阶段工作任务的分解。

（3）项目人员计划

主要包括以下几类内容：

①项目组织管理：主要描述为本项目提供服务的人员组织结构，一般通过图进行直观展示。主要组成团队包括项目经理、售前工程师、架构设计人员、需求调研人员、开发测试人员、系统集成人员、系统维护人员、质量保证人员等。

②项目组人员构成：需要通过表格描述清楚人员构成以及人员具体经验。其中需要注意的是需求、设计、开发、维护不同类别人员的配比，团队成员的项目经验最好与该项目吻合，团队成员的证书需与岗位吻合。

6．售后服务计划

售后服务计划的目的是写明系统交付后对客户如何提供后续保障，主要包括以下内容：

（1）本地化服务

客户一般会关心系统承建商在本地是否有机构或者驻场人员。

对于本地化服务一般会有三种写法，第一种是写明在本地有分子公司并提供相应营业执照证明；第二种是提供公司已经在当地具有本地项目人员名单以及房屋租赁合同进行证明；第三种是承诺中标后会提供驻场服务并写明服务人员名单。

（2）售后服务内容

①服务内容：包括应用系统支持、系统优化、新应用添加、突发事件的维护等。可以分为免费维护期内服务内容和免费维护期后的服务内容。

②服务方式：一般包括两种方式。一线驻场服务，二线保障服务，如电话服务或者按需到场服务。

（3）售后服务承诺

主要是对于客户关心的售后服务事项进行承诺，包括免费维护期限、驻场服务人员、相应服务时限等。

2.2.3 了解信息化基础知识，洞察未来发展趋势 ■■■

1．梳理重要信息化政策文件

主要是通过梳理政府发布的关于信息化方面的重要政策文件，来了解未来发展趋势。

可以通过国务院网站，进行重要信息化文件的搜集。搜集方式是在搜索框里输入"信息化""互联网""技术发展"，就可以找到国务院发布的关于信息化方面的重要战略规划。

以下内容为重要信息化发展规划文件的罗列：

2006 年，中办、国办印发《2006—2020 年国家信息化发展战略》，主要指出近 15 年来信息化发展的重点工作，包括推进国民经济信息化、推行电子政务、建设先进网络文化、推进社会信息化、完善综合信息基础设施、加强信息资源的开发利用、提高信息产业的竞争力、建设国家信息安全保障体系以及提高国民信息技术应用能力，造就信息化人才队伍。

2006 年，国务院印发了《国家中长期科学和技术发展规划纲要（2006—2020 年）》。在信息技术方面，要求"重点研究低成本的自组织网络，个性化的智能机器人和人机交互系统、高柔性免受攻击的数据网络和先进的信息安全系统"，包括智能感知技术、自组织网络技术、虚拟现实技术。

2015 年，国务院印发了《国务院关于积极推进"互联网＋"行动的指导意见》（国发〔2015〕40 号），要求"到 2025 年，网络化、智能化、服务化、协同化的"互联网＋"产业生态体系基本完善，"互联网＋"新经济形态初步形成，"互联网＋"成为经济社会创新发展的重要驱动力量。"

随后，国务院又印发了《工业和信息化部关于印发贯彻落实〈国务院关于积极推进"互联网＋"行动的指导意见〉行动计划（2015—2018 年）的通知》（工信部信软〔2015〕440 号），要求积极探索新方法、新路径，营造良好环境，抓好贯彻落实。

2016 年，中共中央办公厅、国务院办公厅印发了《国家信息化发展战略纲要》，是根据新形势对《2006—2020 年国家信息化发展战略》的调整和发展，是规范和指导未来 10 年国家信息化发展的纲领性文件。要求"到 2025 年，新一代信息通信技术得到及时应用，固定宽带家庭普及率接近国际先进水平，建成国际领先的移动通信网络，实现宽带网络无缝覆盖。信息消费总额达到 12 万亿元，电子商务交易规模达到 67 万亿元。根本改变核心关键技术受制于人的局面，形成安全可控的信息技术产业体系，电子政务应用和信息惠民水平大幅提高。实现技术先进、产业发达、应用领先、网络安全坚不可摧的战略目标。"文件对生活生产信息化的方方面面都做了全面的部署安排。

在《国家信息化发展战略纲要》的指导下，2016 年发布的《国务院关于印发"十三五"国家信息化规划的通知》国发〔2016〕73 号，是指导"十三五"期间各地区、各部门信息化工作的行动指南。

2．了解并掌握新兴信息技术

根据《国务院关于印发"十三五"国家信息化规划的通知》国发〔2016〕
73 号要求"5G 技术研发和标准制定取得突破性进展并启动商用。云计算、大
数据、物联网、移动互联网等核心技术接近国际先进水平。部分前沿技术、颠
覆性技术在全球率先取得突破，成为全球网信产业重要领导者。"

目前比较热门的信息技术包括：

（1）云计算

（2）大数据

（3）物联网

（4）第五代移动通信技术（5G 或 5G 技术）

（5）人工智能

2.3 产品！客户最想看到的是它，不是你

2.3.1 产品、案例，最重要的是细节

在跟客户进行交流时，需要介绍到公司的实力和变化，让客户觉得可以放
心合作；在对产品进行介绍时要将产品内容讲到位，让客户清楚我们能做什么；
提供与客户相仿的案例，让客户知道我们有相关的成功先例。

1．了解公司是售前最基本的要求

能够用一句话介绍你的公司是售前的基本功。在客户面前介绍公司主要是
突出公司的实力，让客户理解不是我们有多好，而是公司的主要业务是什么。

主要公司简介内容如下：

公司简介要点

①发展历程：主要描述公司发展的关键节点，比如哪一年成立的，哪一年上市的，哪一年进入该行业的。

②公司规模：包括公司目前有多少人，公司的注册资本多少等。

③获奖情况：主要突出一些重要或核心的资质，像基础资质有软件企业、系统集成一级，重要荣誉包括科技进步奖等。

④服务范围：主要服务范围是什么，可以为客户提供哪些类型的产品。

⑤服务特点：比如客户响应速度高，可以做到快速部署开发等。

在这个部分需要讲清楚公司带给客户的价值。

2．了解公司产品是售前的基础知识储备

根据你们公司提供的服务，整理公司产品清单或者解决方案清单，从而能够快速地跟客户沟通。

产品和解决方案的主要区别就在于，产品是属于标准化程度比较高的，而解决方案主要是定制化程度比较高的，在政府信息化领域，各地政策以及业务差异较大，相对来说定制化解决方案会比较多。

可以梳理出来不同的解决方案清单，主要从以下角度进行梳理：

①产品背景：在行业内遇到了什么问题、有了什么样的契机。

②产品目标：产品的目标是为了解决什么问题、达到什么目标。

③产品功能：产品有哪些功能，主要演示界面是什么。

④产品特点：比如是否可以实现定制化等。

⑤产品优势：比如可以实现产品快速部署等。

在这个部分需要讲"明"公司优势，根据竞争情况从产品、案例、价格、实施、服务中选择有利的部分重点介绍。

3．了解公司案例，可以帮助你口若悬河

掌握案例是为了增加客户对案例的兴趣，这代表公司有相关实施经验，所以需要了解项目具体实施过程中有哪些难点以及该如何解决。

按照项目口碑，可以分为：好口碑项目名单、负面口碑项目名单。

按照案例规模，可以分为省一级、地市级、区县级。

客户基本上会关注以下内容：

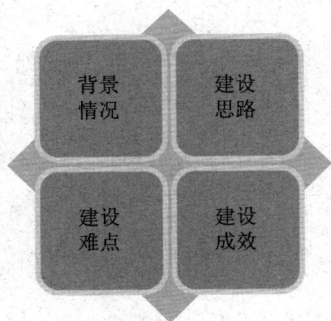

案例分析要点

①背景情况：当时客户现状如何，基于什么背景开始系统建设，与我们需要开拓的新客户相比是否跟新客户的现状、规模等相匹配等。

②建设思路：主要核心优势是什么，系统主要的框架是什么。

③建设难点：主要是在系统建设过程中遇到了哪些问题，后来怎么解决的。比如针对某项目跟其他相关部门外部系统对接工作量过大的问题，在业务层面，梳理清楚需要对接的相关事项，在技术层面，支持多种数据接口、数据交换、页面嵌入三种对接模式，在管理层面，由分管信息化的副总协调各部门系统对接工作。

④建设成效：系统针对哪些对象，解决了什么样的问题。比如该系统建成后，可以让参保人少跑腿、减轻经办人员工作负担、方便管理人员查看相关报表等。

项目的背景情况、建设思路、建设难点、建设成效一定要多跟项目经理交流，只有项目经理对于这些问题才会更清楚。

我曾经负责的一个项目，将我们已有的成功案例现状与客户现有现状进行比较，得出的结论是客户基础更好，并且针对性地做了重难点分析，取得了不错的效果。

2.3.2 竞争对手分析，知己知彼、百战不殆

进行竞争对手分析的目的，主要是体现与竞争对手的差异性，包括方案差异和交流内容差异，从而突出我们在客户面前的优势。

竞争对手分析可以帮助你发现：

①公司的强项是什么，弱项是什么？

②公司在市场上处于什么位置？

③这个行业前十名分别是哪些公司，这些公司分别有哪些优势？

1. 这些分析维度做到心中有数

（1）基本情况

包括注册资金、成立时间、是否上市、员工数量、分子公司、主营业务等。

（2）资质荣誉

包括公司具有的基本资质、重要荣誉、软件著作权、专利等。

（3）代表案例

了解竞争对手的代表案例及金额，包括业务覆盖层级。

（4）优势特色

针对竞争对手的方案或者产品，了解对方公司优势、特色、短板。

2. 这些获取渠道让你有备而战

了解竞争对手的信息，主要有以下五个渠道：

①公司官网：可以了解获取公司的基本信息。

②公司财报：可以了解公司业务发展重点、财务指标、以及重要客户、重要案例。

③资质网站：如信息系统建设和服务能力评估网，可以进行"信息系统建设和服务能力评估体系"查询。

④天眼查、企查查等：

可以查到公司的基本信息，主要股东关系、主要资质荣誉、专利著作权等。

⑤千里马网站

可以查询竞争对手主要中标项目以及这些项目的类型和金额，从而了解公司主要项目案例。并且可以通过下载对方中标的招标文件，进行对比分析得出公司主要产品组成、方案套路等。

其他可以获取竞争对手资料的渠道，包括这个行业内权威的期刊和网站等，可以从业务角度获取竞争对手信息。

3. 竞争对手分析信息可以这样用

如果你跟进的项目客户正好也在跟竞争对手接触交流，那么为了在客户心中形成更好的印象，你可以这样做：

（1）展示独特卖点

独特卖点就是只有我们有而竞争对手不具备的。在介绍产品时突出并强调独特卖点，可以帮助我们提升胜算。

比如对手没有相似度的案例，而我们有标杆案例。

（2）有针对性地作比较

任何一个产品都有优势和劣势，了解竞争对手产品的劣势，尤其在自己公司产品占优势的方面，通过对比就会让客户觉得我们产品更专业。

另外需要注意的是，尽量不要去贬低竞争对手，不然可能会适得其反。

2.4 案例分享：小雪售前知识进阶路

小雪：作为应届生身份进入公司半年。

以下内容根据她个人陈述整理。

2.4.1　小雪知识进阶之路

相比于投标工作的积累，对于售前工程师来说，行业经验的积累是更重要的事情。

虽然小雪的投标工作渐渐熟悉上手，但是对于业务知识还是掌握得不全面。小雪又失眠了，她跟着领导去做客户交流，用户看起来很强势，领导应对游刃有余，而自己坐在后面一句话都说不上来，觉得一点存在感都没有。

领导也察觉到这个状况，后来就派小雪到外地项目组进修学习，一来为了行业新人培养，二来为当地提供售前方案。

刚到项目组现场，那边的项目经理 C 就把她叫到五楼办公室，从下午 3 点开始讲业务知识，一直讲到晚上 7 点。接着项目经理 C 就安排小雪负责一个方案的编制，并且去跟客户交流。

后来，小雪写了一个初稿，用户并不满意，需要部门其他同事来支持，小雪感到很沮丧，不知道自己的价值和意义在哪里。写的过程中也感觉特痛苦，用户说要往东，C 说要往西，S 领导说要往南，她在中间左右摇摆。

小雪后来跟领导说了这个问题，领导鼓励她"没有什么是做不了的，只是做到多少分的问题。""不要怕说错，一定要去表达。"小雪自己也认真反思，为什么没有自己的想法和主见，除了经验不足外，自己在业务知识上积累也不够，对要写的内容理解也不深。

当地的客户是政府机关，业务的理解很大程度上与当地政策文件和业务规程相关。因此，为了能够快速理解业务，小雪开始拼命看与业务相关的政策文件，把当地的政策文件全部做了整理，并把全国的政策文件看了一遍，然后提炼知识要点，做成思维导图。所谓日有所思夜有所梦，当时她连晚上做梦，都想着当地的热点业务话题该如何解读。

弄清楚了相关业务知识后，在跟用户沟通的时候她也能够说出自己的思路了，虽然每次都感觉惴惴不安的，但开始会得到用户的认可了。

回想那一段日子，小雪整理了相关业务流程和相关政策，对知识做了一遍梳理。其后又参与用户的交流，在交流过程中看清楚用户的想法，然后结合行业知识，思考如何形成用户想要的方案。在此过程中慢慢打通任督二脉，能够独立形成自己的方案思路。

2.4.2　案例总结点评

1. 小雪做的是政府信息化业务，走出了熟悉业务的重要一步，梳理当地政策，并且对国家政策进行梳理，基本掌握了业务脉络。

2. 公司对培养小雪非常重视，让她深入公司重要项目案例中去学习，有利于她对公司产品的理解和掌握。

3. 若是从系统性角度进行分析，小雪对于技术知识、竞争对手分析方面还存在知识漏洞。

第3章
客户、客户，一切都是为了客户服务

售前的主要服务对象就是客户。售前虽不需要像销售一样具有特别强的商务能力，但仍要对客户有一定的理解，并掌握销售的一些策略、技巧和方法。这样才能在与客户交流的现场营造更加舒适的氛围，从而更好理解客户需求，写出有针对性的方案，最终传递价值并达成双方信任合作。

3.1 你必须了解的客户角色和动机

作为一个售前，只有深入了解客户的处境才能让他觉得你能帮他实现价值。而为了理解客户，你需要了解客户在一个项目中的角色以及主要购买动机，并结合项目所处阶段判断如何跟客户交流。

3.1.1 客户的不同角色，你见的是哪一种

在一个项目中，我们会遇到不同类型的客户，因人而异才能达到比较好的效果。

1. 客户的不同角色

客户主要有以下几个角色：

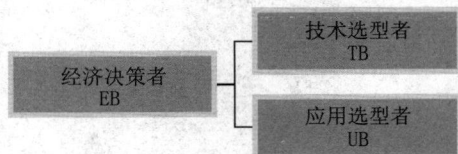

客户角色

（1）经济决策者（Economic Buyer，EB）。

这个角色一般是最后拍板人，做出决策后不需要再请示他人。EB 关心的内

容包括项目能带来多少价值、需要多少钱、多长时间能做完。在公司里面一般是副总裁级别，在政府部门一般是副局长级别。

（2）技术选型者（Technical Buyer，TB）。

这个角色负责提供技术需求，以及技术方案评估。TB 关注的是这个项目使用什么架构、是否足够先进等技术型问题。在公司里面一般是 IT 部门经理，在政府部门一般是信息中心主任。

（3）应用选型者（User Buyer，UB）。

这个角色负责提出业务需求，也是最终使用产品并从中受益者。UB 主要关注项目是否真的符合现有需求、系统上线后对业务带来哪些帮助、操作是否足够简单。在公司里面一般是业务部门经理，政府部门一般是某处室或某科室负责人。

当然，对有意向的客户也许机构规模大小不一，组织架构也不尽相同。有时候所在机构里面没有 IT 部门或者信息中心，也会选择外部专家充当技术选型者的角色。有时候项目规模比较小，应用选型者也许就直接充当了经济决策者的角色。在识别客户不同角色的时候，需要具体问题具体分析。

也许你会有些疑问，在每个项目中我们都有机会接触和影响以上所有的角色吗？当然，能够影响到与项目有关系的所有角色更好，可有时我们只能接触到其中一个角色，能服务好这个角色足以让我们拿下这个项目。

2．不同客户角色，需要如何应对

根据上一节内容了解到客户分成三种不同类型的角色，那么遇到不同的客户角色的时候该如何应对，才能让项目推进更加顺利呢？

（1）经济决策者 EB 的应对方式

对于 EB 需要解决两大难题：第一是如何能见到 EB。如果想要见到，最重要的是要摸清楚谁可以帮忙引荐，以及是否能够给引荐者带来正面的影响。如果在第一轮交流良好的话，技术选型者和应用选型者都可以作为引荐人。第二是如何能够投其所好。高层领导一般都非常忙，一定要有充分的理由并且在见面前做足准备，可以提供给对方带来价值的信息。

（2）技术选型者 TB 的应对方式

TB 这个角色关心内容上的话语权，在与他们交流的过程中最重要的是给予足够的尊重。TB 不一定能让你赢，但是可能会让你输。需要注意的是，TB 一般会认为自己是技术方面的专家，与他们交流时最好不要使用说服的手段，可以采用带对方参与高端技术研讨会的形式影响对方。

（3）应用选型者 UB 的应对方式

对于 UB，最重要的是一定要重视对方。因为 UB 是需求提供方，重视他们才能一起实现方案共创。在与 UB 交流过程中要突出功能齐全、减少工作量、使用简单等优势。

也许你也会有些疑惑，自己并不一定能够应对所有这些角色。比如你擅长技术，在面对技术选型者的时候可以从容应对，但面对其他角色时会有些困难。这个时候你需要学会调动资源，比如公司的项目经理、产品经理、你的领导、公司的业务专家，在面对重要交流场合和客户的时候，可以让他们协助你一同灵活应对。

3.1.2 客户的四种动机，你能观察到吗

客户角色的不同主要是因为在同一个项目中其职位不同带来的关注点的不同。但项目需求的产生一般都有一个主要原因，只有了解这个主要原因，才能更好地服务客户。

一般来说有四种类型的客户动机：

任务指向型	亡羊补牢型
客户动机	
互相攀比型	锐意进取型

客户动机

1．任务指向型客户

这类客户一般会说"上面有规定。"比如说某示范区、某试点，他们最关心的是能不能完成规定，而且需求比较急。如果你的解决方案和产品无法让他们完成规定，那么提都不要提。对于这种需求非常明确的项目，售前可以直截了当地告诉对方如何帮他们完成工作任务，如何实现项目快速上线和验收。在项目推进过程中，出方案一定要快，要抢占先机。

2．亡羊补牢型客户

这类客户一般已经有相应的信息系统项目，但是对项目效果很不满意。遇到这种类型客户，售前要找到之前项目没做好的原因出在哪儿，是开发太慢了、资源太少了、使用不方便还是页面不美观。对这类项目，一定要评估如果接手是否能解决当前问题。所以前期的资料收集一定要全面。

3．互相攀比型客户

这类客户关心的是同行其他单位是否都做了这个项目，不甘落后。他们一般多以超越其他单位为要求。对这类客户要告诉对方你有更加坚实的基础。而且现在做有后发优势，可以抄近道，投资还不用那么大，只需要增加些亮点就够了。

4．锐意进取型客户

这类客户的特点是希望能够做到创新引领。这类客户通常讲不清楚需求，但好处是一旦能够让他信任，他们在投资上绝对不会和你计较。对于这种类型客户，你要协助对方梳理思路，可以采用原型开发的方式，然后帮助对方树立典型，进而打造成标杆案例。

3.2　如何进行客户需求调研和挖掘

上一节内容我们了解到客户类型和动机，那么对于具体项目来说，首先要做的就是进行客户需求的调研和挖掘。由于售前跟进的信息化项目一般都是金额相对较大的订单，因此客户需求会受到各种因素以及项目中不同角色的影响，会根据形势不断变化，需求的开发要花费比较长的时间。

所以要特别重视需求的调研和挖掘，这样才能为后期客户交流和方案制作打下良好的基础。

3.2.1 客户的需求到底是什么

1．为什么需要了解客户的需求

所有的购买者都需要一个改变的理由，找出对方的痛点才能够让客户产生购买的欲望。

痛点通常意味着问题、关键业务难题或者可能错过的机会，比如成本增加、利润减少、行业标准提高等。

相较做了之后会带来的利益，如果不做带来的伤害更能让人萌生改变的理由。

比如告诉对方要从这个楼跳到另一幢楼上，你说跳过去某个大明星就会跟你在一起，他也许会跳也许不跳。但是假如你说，你如果不跳的话就会被烧死，他一定会跳的。

所以，让客户选择你们的产品和方案时可以告诉他不这样做会带来什么损失，以及做了会带来什么好处，很多时候前者其实比后者更有效。

2．你认为的需求真的是客户的需求吗

在 IT 行业有类似这样的笑话：销售阶段我们给客户描绘的愿景是航空母舰，原型阶段给客户开发的是轮船，而在真正交付使用的时候却是需要划桨才能使用的独木舟。

客户有时候会说给我一个航空母舰，但只肯出一个独木舟的钱，最终你们达成共识，是修一个桥，因为客户的真正需求是从河这边走到河对岸，而河只

有半米宽。

所以挖掘出客户真正的需求，才可以帮助客户解决问题，并且能够在与客户在项目成本、成效各方面达成共识。

在与客户交流的时候，有时候客户只是对项目有一个朦胧的感觉，我们理解也会出错，要经常问自己这是客户真正的需求吗？

给大家讲一个销售界很经典的关于需求分析的故事。

一个老先生来一家店里买水果，说要买带点酸味的水果。

店主说那你买点杏回去吧。

老先生说吃杏对孕妇不好。

这才知道，原来对方是要买给孕妇吃。店主赶紧推荐老先生买柚子。

"大爷，这个柚子带有酸味、口感好，而且能够补充孕妇缺的维生素和矿物质，同时还可以增强免疫力，有助于吸收食物中的蛋白质和矿物质。"

最终老先生选择了柚子，满意地离开了。

所以要挖掘客户内在需求。有的时候对方说他想要一个 A，也许一个 B 才能真正满足他的需要。

3.2.2　SPIN 销售法则助你理解客户需求

SPIN 销售法则是尼尔·雷克汉姆在《销售巨人：大订单销售训练法则》一书中提出，专门用于大生意销售的技巧和工具，包括四个环节：背景问题（Situation Question）、难点问题（Problem Question）、暗示问题（Implication Question）、需求 - 收益问题（Need-Payoff Question），通过这四个环节的提问可以发掘客户的隐含需求并使之转化为明确需求。这个法则是作者在哈斯维特公司分析了 3 500 多个销售实例、历时 12 年研究得出的成果，目前已经在世界 500 强的 60% 企业做过实验，经过实践证明切实有效。

对于购买产品的客户都会平衡两个因素：一个是购买后是否能解决当下面

临的问题；另一个是解决问题的成本。只有客户认为问题大到需要购买，才会产生行动和改变。

而 SPIN 销售法则可以帮我们找到客户现有背景的事实，引导客户说出隐藏的需求，放大客户需求的迫切程度，同时体现自己产品的价值或意义。

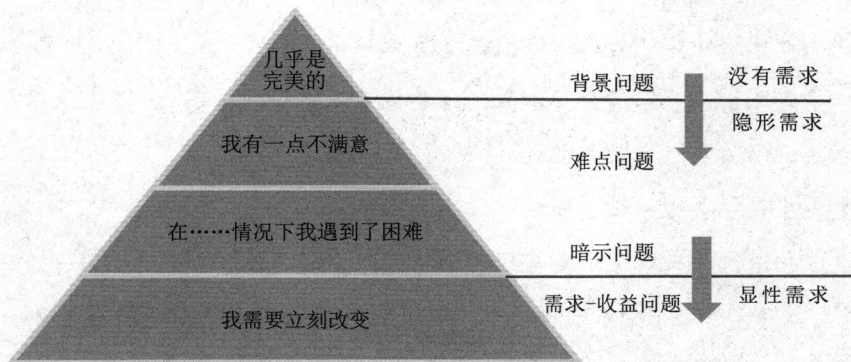

SPIN 销售法则的价值

1. 背景问题：认识和了解客户现状

背景问题主要是收集有关客户现状的事实、信息及其背景数据，因此可以称为背景问题。主要目的是找到客户现有背景的现实。

相关问题包括：

①个人意见相关：

- 你的意见如何？
- 你考虑了多长时间？
- 你决定购买了吗？
- 在这个方面你的目标是什么？

②业务相关：

- 你从事什么行业？
- 你雇了多少员工？
- 年销售额是多少？

● 主要有哪些类型的客户？

③系统相关：

● 你现在用的是什么系统或设备？

● 使用了多长时间了？

● 主要有哪些人会用它？

使用 tips：

①不要问太多，客户会不耐烦。

②每一个问题都保证有偏重、有目的。

③背景问题与销售成功没有什么积极联系。

2．难点问题：探究客户现状存在的问题

何为难点问题？即针对客户难点、困难、不满挖掘隐含需求。

相关问题包括：

①对于现有设备是否满意？

②你们现在用的办法有什么缺陷吗？

③存在质量问题吗？

④目前是否给你带来很大的困扰？

使用 tips：

①使用关心的态度来询问，避免让客户感觉到是对他们的冒犯。

②善用对比（故事法）引出潜在问题。

③这类问题与小订单的成功销售联系更紧密，但是与大型项目订单成功联系不大。

④使用这类问题目的是揭示隐含需求。

3．暗示问题：暗示客户问题所可能导致的损失

暗示问题主要是暗示客户解决问题的急迫程度，以及不解决问题将会带来的成本代价。这类问题可以将客户认为的小问题放大，如不解决将来会留下哪些隐患，从而让潜在客户付诸行动购买。

相关问题包括：

①对公司的远期利益有什么影响？

②这些问题是否会带来成本的增加？

③是否会带来客户的流失？

④是否会使得业绩大量萎缩？

这类问题在大订单销售中与销售成功紧密相关，但是难度也更高。

使用 tips：

①暗示问题会得到决策者的赞赏，因为决策者在意隐藏于背后的影响和结果。

②暗示问题对于高科技产品尤其有效，但是使用的前提在于熟练掌握业务知识。

③使用过多会让客户觉得沮丧，情绪很低落。

4. 需求 - 收益问题：引导问题解决后所可能产生的价值

需求 - 收益问题，即引导客户问题解决后所能产生的价值，也被称为解决性问题。这可以消解由于暗示性问题带来的不舒服感觉，提供积极的解决对策，可以让客户告诉你得到的利益。

相关问题包括：

①解决这个问题对您为什么这么重要？

②解决后会对您有何帮助？

③还没有其他可以帮助您的方法？

这类问题在大订单销售中能够直接促使销售的成功，能够增加所提方案被接受的可能性，更加注重对策而不是问题，可以营造一种积极的气氛，让客户告诉你得到的利益。

使用 tips：

①在介绍对策之前，并且在暗示问题开发了买方难题的严重性后。

②你提供的方案一定是可以解决客户这些问题的。

③尽量让客户自己说出解决后的优点，可以训练客户进行内部销售。

3.3　客户交流时如何进行方案呈现

获取了客户需求后，接下来要做的就是方案呈现。方案的呈现有其共性，需要遵循不同原则，同时也有其个性，即根据不同呈现场景运用不同的技巧。

3.3.1　不同的方案呈现场景，需要不同的侧重点

方案呈现的目的都是为了能够更好地凸显我方优势，提升客户满意度。根据现场使用的工具以及不同的环节，方案呈现包括以下几种场景。

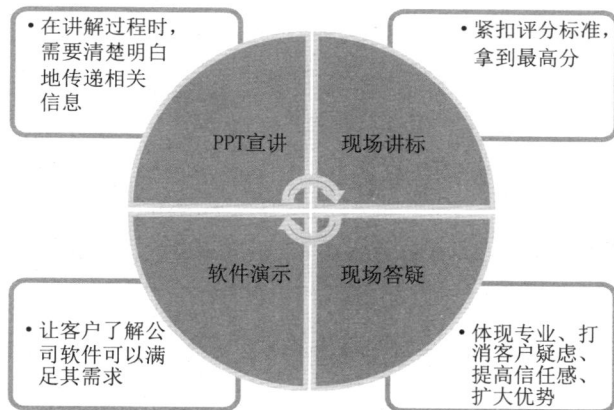

- 在讲解过程时，需要清楚明白地传递相关信息
- 紧扣评分标准，拿到最高分
- 让客户了解公司软件可以满足其需求
- 体现专业、打消客户疑虑、提高信任感、扩大优势

PPT宣讲　现场讲标
软件演示　现场答疑

方案呈现场景

1．软件演示，告诉客户你可以满足其需求

软件演示的目的是让客户了解公司的软件可以满足其需求，可以让客户非常直观地看到公司产品情况以及相关案例情况，比用文字或者 PPT 形式更具说服力。因此，做好软件演示最重要的是要了解客户的需求。为了做好充分的准备，软件演示前需要了解客户的预算、需求、时间表、评估项等，然后挖掘出演示中需要体现的关键点。

软件演示的内容包括软件功能情况、软件实施与服务方式情况、典型客户情况，并可以在此过程中进一步了解客户的需求。

软件演示的要点：

①优先演示优点，对产品的争议点简短迅速带过，认同但淡化竞争对手的优点。

②重点演示客户关心的问题，不要平铺直叙，尽量举案例辅助说明，视情况分配调整时间。

2．PPT 宣讲，一定要迎合听众需要

PPT 宣讲一般是针对客户提出的需求，将我们的解决方案通过 PPT 的形式展示给客户。做 PPT 前一定要记住 PPT 只是一个展示工具，更重要的是展示 PPT 的人，用心讲解和临场发挥很重要！因此，不仅需要关心 PPT 承载的内容以及是否美观，更重要的是在讲解过程中是否清楚明白地传递了相关信息。

在进行 PPT 宣讲前，一定要弄清楚以下信息：

（1）了解听众是谁、关注什么

讲解目的就是为了消除别人的疑问，一定要记住别人想听什么你就说什么。

借鉴汪洱老师在优米网上的培训课程《如何像麦肯锡顾问一样思考》中所说，听众一般分为以下三类：

①听众是专家：PPT 结构适合用先分后总，可以先展示为什么你这样想再提供结论，避免提前展示结论受到质疑。

②听众是领导：PPT 结构适合用先总后分，一般领导需要在有限的时间内先了解结论，再简要了解这么做的原因。

③听众人数比较多：那么就迎合最重要的人或者 50% 以上的人。

（2）迎合客户的关注点

要根据汇报对象的不同设计不同的内容。

如果是公司高管，高管更关注的是为什么要做这件事、要花多少钱以及能够带来什么好处。

如果是公司中层，中层更关注的是这个系统是否好用，未来是否容易维护，是否容易扩展。

如果是公司内部的一线操作人员，这些人肯定更关注这个系统是不是好用，是否能够减少他们目前的工作负担。

在进行 PPT 宣讲过程中，需要注意的要点包括：

①宣讲之前的熟悉工作：

对于每个要讲的 PPT 做逐字稿，类似于领导讲话稿子，这样才能避免现场出现口误，保证讲解过程的流畅性。

逐字稿完成后可以对着 PPT 进行试讲，试讲过程中可以进行录音，试讲完成后回放一遍，如果哪里逻辑不太通或者语句不太顺，可以对 PPT 和逐字稿进行修改。

另外需要注意控制 PPT 的讲解时间，一般一张 PPT 的讲解时间应控制在 1 ～ 2 分钟。

最重要的是，上场前要给自己心理暗示，相信这个系统是有价值的，可以真正给你带来好处，而且自己懂得一定比听众多。

②宣讲过程中注意要点：

为了打消听众顾虑，在开场时需要提前告知观点、结构和时间，如果有些客户半小时后需要开会，就大致知道他是否可以将此次宣讲听完。

序言部分可以采用故事式的结构，让听众更容易切入场景。

讲解过程中最好采用一问一答式的沟通，比如"你可能会觉得以上内容都很常见，那么产品的亮点在哪里呢，这就是我接下来需要讲解的内容"，这样可以更好地吸引听众的注意力。

3. 现场讲标，结合评分标准体现我方优势

现场讲标是指在现场投标时根据招标文件的要求进行现场讲解的过程，目的是能够给现场评标专家留下深刻印象，结合评分标准对你打出最高分。

需要注意的地方如下：

（1）重点分析研究招标文件

专家一般边听你讲解边进行打分，如果覆盖到一点就会多勾选一项打分内容，所以开始时一定要根据招标文件分析出哪些内容必须出现在 PPT 中，以及如果有演示环节，哪些内容需要呈现在演示的部分。

（2）突出重点内容

虽然要面面俱到，但是在有限的时间有些内容要一带而过，有些内容需要重点突出。比如：

①我们的优势是什么，突出我方相比较于竞争对手的优势，如行业经验等；

②公司整体实力，包括发展历史、人员规模、分 / 子公司、资质实力等；

③突出项目思路，包括系统架构图、业务流程图等；

④突出类似项目案例，让评标专家看出来我们是真的有经验；

⑤突出本地化服务，包括是否有本地分 / 子公司、是否有本地其他案例。

（3）讲解过程前后的注意要点

需要注意的内容包括：

①可以进行讲解预演，然后把讲解内容录下来复听一遍，找出自己在哪个部分可以增加举例或者怎样修改逻辑才能更加顺畅。

②进行时间控制，为了防止客户时间不足可以做多个版本的展示，包括 5 分钟版本、10 分钟版本和 15 分钟版本。

③演示紧扣评分标准，专家根据演示的内容是否到位来打分，因此演示过程中，一定要把评分标准关键词说出来。

④现场演示加入故事，即对要演示的系统讲解成一个完整的故事，让听众有场景感。

⑤系统演示环境准备，要保证演示系统在各个浏览器版本下可以打开。如果现场需要网络，则要提前准备好无线网卡。

4. 技术交流 / 现场答疑，解除客户的担忧

一般在向客户讲解完成后，客户会进行提问，这是非常好的了解客户需求以及积极互动的机会。

客户提问一般意味着以下几方面：

- 客户在认真倾听；

- 客户有兴趣深入了解；

- 客户看法和意见不同；

- 客户有疑惑、不满；

- 客户想考察我方的能力水平；

- 客户支持别人。

因此回应一定要体现专业、打消客户疑虑，从而提高客户的信任感、扩大优势。

主要回答的过程包括：

第一步，目光注视提问者；

第二步，分析提问者的潜在动机是以上哪个方面，是对此有兴趣还是有疑惑；

第三步，感谢提问者，比如这是一个很好的问题；

第四步，先思考一下答案再面对全体回答问题，因为也许不只是提问者关心，而是大家都关心这个问题；

第五步，确认回答效果，也可以问一句对这样的回答是否满意，然后观察客户的表情动作，看客户是频频点头还是频频摇头，以此来判断对方是否满意。

关于交流方面需要注意的要点包括：

（1）如果客户不断质疑你怎么办？

作为售前，我们需要明白客户质疑是他的权利，我们需要保持心态平和冷静，同时进行问题确认，比如"您是对我们公司产品的安装部署方面有疑惑吗？"让对方先感受到认同，然后再平和地回答客户。

（2）客户提出的问题，你回答不了怎么办？

在交流前，需要考虑好现场不同用户会提出什么问题，交流中可以邀请公司其他人员陪同，比如项目经理、产品经理等。如果真的有问题回答不上来，可以承诺沟通后再给予回复。

另外需要注意的是，你在 PPT 上的每一句话如果有错误，都会在与客户交流的过程中被放大，因此一定要对 PPT 做好检查工作。

3.3.2　不同的方案呈现场景，都需要同样的呈现技巧

不同的方案呈现场景需要不同的侧重点，但是既然同样是方案呈现，有些呈现技巧是通用的，包括如何澄清客户异议、如何将方案特色转化为客户价值等。

1．FABE——将方案特色转化为客户价值

FABE 模式是由奥克拉荷大学企业管理博士、中兴大学商学院院长郭昆漠总结出来的利益推销法。它通过四个关键环节极为巧妙地处理了顾客关心的问题，从而顺利地实现产品销售。

特色 Feature 它是什么	→	优点 Advantage 能做什么	→	效益 Benefit 有什么价值	→	证据 Evidence 如何证明

FABE 模式

这个方法可以将方案特色转换为客户价值。

特色（Features）：与产品或服务有关的事实与特点，也就是产品本身独一无二的特点。

优点（Advantage）：这个特点带来的优势是什么。

利益（Benefite）：给客户带的价值和好处是什么。这个是针对销售对象的，可以给客户带来购买动机，包括提高效率、降低成本、增加信息透明度、保持弹性。

代表证据（Evidence）：对这些价值和好处的证明。包括照片、顾客来信、

技术报告、顾客来信、报刊文章等，可以通过现场演示作为刚才一系列介绍的证明。

同时为了更好地说明给客户带来的价值和好处，可以提供相应的证据或者借鉴，包括自己过去项目的实施经验、别人提供的实施经验。

以亚马逊的 kindle paperwhite 举例：

FABE 示例

产品 / 服务	特色	好处	对客户带来的效益
6 英寸、采用 Carta ™ 超清电子墨水屏、内置可调节阅读灯、300 ppi、字体优化技术、16 级灰度	媲美纸书阅读体验	喜欢纸书的人也不会觉得不方便，而且无论在强光、暗光下都可以清晰阅读	我个人使用四年时间，非常适合晚上阅读，比纸书查找资料以及进行文档备注更加方便
内存 8 GB	存储数千本电子书	一个 kindle 就是一个图书馆	个人觉得非常便携，随时随地可以使用

2. 澄清异议，打消客户心中疑虑

客户提出异议恰好是在释放购买讯号，因为这表示客户已参与销售过程，而你正好可以创造澄清机会，排除决策的焦虑。

对于客户提出的异议，一定要分析客户背后的顾虑是什么。比如客户提出：听说贵公司质量一直不稳定，表明客户对质量的重视，并且害怕决策风险。

因此，一定要理解客户背后的担心，并提供有说服力的回应。

具体回应步骤包括：

①认同客户的反对意见。

②耐心听完客户的反对。

③确认客户的抗拒点在哪里。

④进行合理的解释。

这个过程最重要的是要去倾听，然后在聊天过程中慢慢找出用户的关键问题在哪里。

对于客户提出异议一定要注意：

①不要自乱阵脚，以为这就意味着客户要拒绝我们了，从而显得手足无措。

②不要直接指出客户的错误，如果你弄得客户没面子，客户也一定会弄得你没面子。

③避免发生争吵，给客户足够的面子和尊重，让他感觉良好。

3.4 把握三点提升客户交流成功率

为了进一步提升客户交流成功率，我们在见面前、见面时、见面后都可以积极应对。

见面前	信心
见面时	观察
见面后	总结

客户交流注意要点

3.4.1 见面前，最重要的是信心

见面前需要做到充分准备和状态调整。

1. 系统准备内容，不打无准备之仗

在与客户交流之前可以做好以下准备：

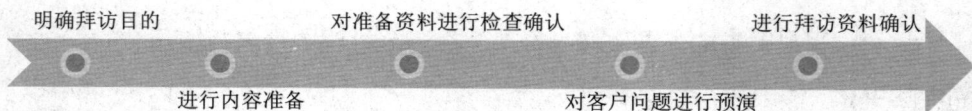

明确拜访目的　　　　对准备资料进行检查确认　　　　进行拜访资料确认

进行内容准备　　　　对客户问题进行预演

内容准备流程

第一步，明确拜访目的。问问自己本次拜访期望达到哪些目标。

包括：

①这次要见谁：如何称呼、关注哪块领域、对我们公司是否了解，喜欢哪种汇报方式。

②做这个项目的简单背景：为什么要做。

第二步，进行内容准备。

包括：

①向其他售前人员询问相关项目的经验和案例、亮点。

②向产品经理了解是否有演示系统、是否有相关亮点。

③通过客户网站或者搜索引擎查找客户现有系统资料以及客户组织架构等。

④看看与业务相关的政策文件。

⑤进行方案或者 PPT 编制。

第三步，对准备资料的检查确认。

站在客户立场问自己三个问题，并根据这几个问题对资料进行调整修改。

①我为什么要见你？

②你能给我提供什么有价值的服务？

③相对于其他人你有什么特别？

第四步，对客户问题进行预演。

对客户可能问到的问题提前思考该如何回答，如果自己不是特别有信心，可以提前写好逐字稿。

另外，每次交谈前记住三组数字，在现场交流的时候说出来，可以体现专业度，让客户印象更加深刻。

第五步，进行拜访资料确认。

进行拜访前需要检查资料是否准备齐全，包括个人名片、产品资料、笔记本、纸笔等。

2．调整自己状态，让自己更自信

这一点非常重要，如果自己都不相信自己，那么客户肯定不会相信你。这就是你和其他更加资深的售前讲同样的内容，但展示出来却是不同效果的原因。因为在面对面沟通中文字的作用只占到 7%，语调的作用占 38%，肢体动作占到 55%。

所以一定要相信自己，相信自己有三个层次：

第一个层次：相信自己所在公司的实力。

第二个层次：相信公司产品能给客户带来价值。

第三个层次：相信自己作为售前的能力。

关于相信自己的能力，一定要相信自己比用户知道得多，告诉自己来到这里不是只做一个倾听者，而是要告诉对方该怎么做。

下面有一些小技巧，对于展现良好的状态会有帮助：

①想想最近成功的画面，比如跟客户介绍产品后，客户很快表示进入下一个阶段。

②想想客户使用我们的产品后带给他的帮助，要帮我们推荐宣传。

3.4.2　见面时，最重要的是观察

在进行前期充分的准备后，要营造良好的交流范围、多听少说、注意观察。

1．做好热身，营造良好范围

通常，售前在客户面前紧张主要有以下两方面原因：

一方面是因为面对陌生的客户、陌生的环境，这样的情境容易导致售前紧张，并且害怕与客户没有共同语言。

另一方面是客户气场太强，引起的紧张。对方有气场、有官衔、有排斥立场，会让售前变得小心翼翼。

所以开场非常重要，好的开场可以让我们放松下来，让接下来的交流更加

轻松愉快。

可以通过以下方式来暖场：

①正式开始前，话题引入。

客户穿的衣服、戴的手表首饰、用的手机、喝的茶等都可以扯出话题，再加入一些热点新闻，一下就可以聊开了。

②正式开始前，资料引入。

给客户提供我们公司的产品解决方案或者公司简介等相关资料，引发客户兴趣，引导谈话向积极方面深入。

③与客户保持相同的谈话方式。

相同的谈话方式，主要包括谈话的速度和音量的大小，要保持与客户一样，并且可以与客户保持相同的谈话姿态。

2．多听少说才是现场良好的沟通方式

记住，说得多的乙方比较容易让对方得到想要的结果，如果想要得到你想要的结果，请多听少说。

除了在软件演示、PPT 宣讲、现场讲标等向客户进行展示的时刻，在与客户进行技术交流时，还需要多进行倾听。

只有让客户多说话，才能够得到我们想要的结果。

若想做到多听少说，可以从以下两点做起：

（1）多进行提问。

提问有很多种，包括在本书中提到的使用 SPIN 销售法则中的背景问题、难点问题、暗示问题、需求 - 收益问题等。

（2）多进行倾听。

倾听时，可以注意以下几个要点：

①注意力放在对方身上，而不是自己边听边组织语言。

②要点头微笑，这才有利于让对方多说。

③不要发出声音，避免由于发出声音而影响对方说话。

3．观察客户表情，调整自己交流的内容和节奏

售前在与客户沟通交流时还可以依靠肢体语言，通常不同的动作发射着不同的信号。

一般，如果身体前倾、频频点头、记笔记，表明客户对你有兴趣；哈欠连连表明客户觉得枯燥无聊；倘若皱起眉头则表明客户不认同。

但是还有些非语言信号，也许是我们不太熟悉的。以下内容帮你解读客户非语言信号的信息：

①客户不同意你的看法的时候，可能会有几种表现，包括用手遮住嘴巴、摸鼻子、摸后脑等。

②客户同意你的看法的时候，可能会有几种表现，包括抚弄头发等动作。

③客户没有耐心的时候，可能有几种表现，包括捏着手指把玩。

④客户没有购买意图的时候，可能有几种表现，包括不直视你的眼睛而低着头。

售前要了解这些心理学上的表达意图，在跟客户互动交流的时候才会更顺畅。

3.4.3　见面后，最重要的是总结

要对项目做到有档可查，总结的意义体现在两个方面：

（1）对内

对自己的提醒：对于整个项目情况做到心中有数，未来需要的时候可以做到有档可查。

对他人的交代：可以向领导进行汇报，本次拜访项目推进的情况以及接下来所需的资源支持。

（2）对外

可以提取重点内容发给客户，一来让客户认为你做事态度认真，二来重申

一下本次会议达成的共识。

拜访记录主要由以下内容组成：

①客户的组织架构：即客户目前的 EB、TB、UB 分别是谁。

②客户各个角色的想法：以上三种角色对我们公司的认识、是支持还是反对的态度、下一步希望推进的事情是什么。

③资金来源和预算：这个项目的钱从哪里来以及有多少钱，这直接关系到未来项目会盈利多少。

④项目推进进度：主要是客户希望系统什么时候上线、预计何时进行招标等重要节点。

⑤下一步行动：主要是公司内部下一步需要做的事情是什么，是售前进行方案跟进还是销售进行商务关系跟进。

⑥需要资源：若经过初步评估后该项目推进需要其他资源，需要一并提出申请。

2. 对拜访复盘，每一次交流都是一次成长

拜访记录主要是写给其他人看的，复盘则主要是为了个人总结提升。

复盘的目的主要是总结本次交流中有哪些经验未来可以借鉴，哪些教训以后需要注意。

复盘可以采取以下格式进行：

①本次拜访的目标是什么？

主要是提醒自己本次目标是否达到了。如果达到了本次拜访就是成功的，如果没有达到就不够成功。

②拜访过程中发生了什么？

主要是回顾在拜访交流过程中开场如何、结尾如何，对现场不同角色的提问是如何回应的。

③与自己期待的有哪些差异？

包括有哪些做的好、哪些是超于自己预期又有哪些不足。主要是通过自己对于现场的回顾，来找出自己到底表现如何。

④产生这些差异的原因是什么？

主要是针对差异分析原因，从而得出自己下一次的行动该如何调整。

⑤下一次要怎么做？

主要为下一次的改进提供具体的建议和方法。

3.5 案例分享：小雪项目跟踪记

3.5.1 项目交流实录

小雪：售前工程师。

S 总：小雪的领导，售前主管。

L 市：小雪公司总部所在地。

N 市：客户所在地，地级市。

小雪经过一年的投标磨炼和业务知识积累，第二年领导就带着小雪多接触客户了。

1. 初次拜访

负责 N 市的销售打电话来，说市级某政府机关单位希望引入更多合作伙伴，实现业务经办的整合，并将服务渠道进行扩展，需要售前协同进行访，小雪的领导 S 总就带着小雪一起出发了。

S 总和小雪二人就一起去了几个关键客户的办公室聊了一圈儿，信息管理处的高处喜谈理念、思路，希望能把项目做大；负责基金财务处的陈处，认为高处所谈内容抽象，需考虑成本和政策障碍；分管信息化工作的李副局长表示欢迎公司参与，将会走公平的招投标流程。

项目目盘子较大，预计一期资金 200 万元，二期资金 500 万元，三期准备申请 300 万元（经陈处确认，内部尚未达成一致），核心在于实现各项业务事项整合，对现有开发商进展慢表示不满，希望引入更多合作伙伴。对小雪公司在 L 市的典型案例比较感兴趣，希望了解是如何做到服务扩展的，并取得哪些成效。

接下来需要整理关于服务拓展的一个基本思路（技术架构＋实施周期＋预算框架）出来，并且预计还会来 L 市看产品演示。

那天回来的路上，S 总说，小雪，以后这里你要多跑跑了。从此，这个项目小雪就开始跟进了。

2．第二次交流

两周后，销售给小雪打来电话，客户希望再做一次交流，看看对于服务拓展有哪些思路。

小雪有些慌了神，这还是推进项目后第一次让她去跟客户对接，可是她对本地项目案例理解也不透，想着不过是做个 PPT 而已。

于是在客户交流那天，阳光正好，PPT 打在墙上美得发亮，但是小雪太紧张了，都忘了要讲的话。

高处提问说：虽然贵司采用这种接口方式与其他系统对接，能够保证项目实施效果，但是这种方式对系统改造比较大，在部门协调方面是否困难较大。

高处确实提了一个较为尖锐的问题，这也是 L 市现状和 N 市的区别，因为在 L 市基本上系统都是小雪所在的公司完成的，所以在改造对接方面困难没有那么大。

还好那天 S 总帮忙解了围，跟客户口头方面介绍了在 L 市的经验同时，还告知对方除了接口对接方案之外，还会提供页面嵌入式这种改造比较小的方式，才算这次拜访没有太失败。

从此以后，小雪暗下决心，每次和客户交流前一定要做充分的准备。

3. 用户到公司总部考察

大概过了两个月，销售告诉小雪说客户要来总部考察。这次到访的客户，包括主要领导张局、分管业务的副局王局、分管信息化的副局李局、信息处高处，基财处陈处、负责业务的王处。

这次交流就由小雪负责 PPT 讲解，而项目经理负责系统演示。

由于上次与客户交流失利，小雪决心一定要在这次呈现不错的效果。不但找了项目经理了解清楚项目的前因后果、亮点、成效等，还在 PPT 完成后让同事帮忙找碴，自己也在交流前做了试讲。

小雪 PPT 思路主要分为两大部分，第一部分是 L 市为什么要做，具体应该怎么做，做了之后的好处是什么；第二部分是基于客户所在地 N 市的现状给出如何建设的建议。

果然，现场交流效果还不错，小雪看到客户频频点头。交流结束后，小雪还看到 S 总在朋友圈对自己进行了夸奖，说小雪进行了充分准备，表现很好，给客户留下了深刻的印象。

小雪感觉松了一口气，觉得自己总算没给公司丢脸。

4. 部门协调会

接下来客户要求加快推进项目进程，并且尽快提交项目建设方案。

小雪在随后的时间里抓紧对方案进行了补充完善，并经领导审核后，向客户提交。

又过了段时间，为了推进项目的快速落地，由分管局长召开了部门协调会，主要涉及资金的落实和未来部门之间的系统打通，部门协调会上财政部、发改委、经信委相关人员都参加了，项目离终点又近了一步。

资金到位后，事情就变得简单了，接下来就是熟悉的招标、投标一系列操作。经过一年多的努力，小雪终于在同事的帮助下拿下了第一个项目。

3.5.2　案例总结点评

1. 项目的主要负责人和主要推进者是高处，如果从客户角色来说是 TB，客户对小雪公司印象较好是因为小雪公司有成熟案例，但是方案交流中并没有把技术架构等问题说清楚，所以在后面交流中客户会对这个提出质疑。

2. 从第二次交流，小雪没有做好方案讲解的失败经验来看，主要原因包括准备不足、没有系统准备内容，包括公司案例的亮点、客户可能问到的问题预演等；自信心不足，对自己准备的内容没有底气，讲解时状态也不好。不过好在小雪吸取了经验，在后面的交流中做了充分准备，并有了比较好的展现效果。

3. 小雪作为经验不足的售前，能够推动项目落地，还要依靠团队的力量，包括小雪的领导 S 总和项目经理等的帮助。

第4章
方案、方案，你到底有多少种

售前所写的方案是为了将客户模糊的想法变为清晰的方案并论证其可行性，报信息委（科委）、发改委落实预算，最终形成投标方案实现项目落地。跟客户的需求严丝合缝的对接，写出让客户满意的方案。

4.1 想把方案写好，这几点你一定要知道

项目推进的过程有不同的阶段，每个阶段客户都有不同的诉求。写方案一定要做到能够满足客户在此阶段的诉求，才是一个及格的方案。

4.1.1 储备以下知识，你的方案一定不会不及格

1. 方案的几种通病

方案基本问题可以分为以下几个方面：

（1）方案缺乏针对性

① 问题阐述：方案内容很多，但是没有体现客户刚需。对公司其他相关方案进行简单复制，背景、现状、需求、目标与内容无关，并误把其他客户的痛点作为重点阐述。

② 原因分析：不了解客户需求或者对客户需求理解错误。

（2）方案整体框架不清晰

①问题阐述：方案缺乏层次，上来就平铺直叙如何解决问题而没有阐述背景和现状。对重要论点展开和阐述不够或者长篇大论缺乏核心论点。

②原因分析：平时没有积累，没有对不同类型的方案储备成不同的模板。

（3）方案有基本错误

①问题阐述：文字太多、图标太少；语言不通顺、错别字太多；封面、目录、版面、字体、字号等外观差。

②原因分析：个人没有建立方案检查清单以及没有经过内部评审。

2．编制方案前，你需要了解方案有哪些类型

一个售前在项目推进的不同阶段需要编制的方案类型是不同的，能够满足客户的诉求也不同。

因此，在编制方案前一定需要了解清楚方案的类型是什么，这样写出来才更有针对性。

一般情况下，对方案类型总结如下：

售前方案类型

售前工作阶段	提交解决方案名称	作用
初步接触	①公司白皮书 ②产品白皮书	①让客户了解公司实力 ②客户对产品有初步认识
初步意向	项目规划方案	主要是作为项目启动的规划方案，并且可以用于客户初步选型
售前调研	项目调研报告	主要对客户现状进行分析，对问题进行诊断，并提供相应建议
预算申报	①项目建议书 ②项目可行性研究报告 ③项目初步设计方案	协助客户编写，上报申请预算
招标投标	①招标文件 ②项目投标文件	①帮助客户制作招标书，确保我方优势 ②根据招标文件制作，展示公司综合实力

建议售前在日常工作中也经常积累不同方案，并且对照不同方案形成常用模板。比如项目规划方案，包括的主要内容是项目背景、项目目标、项目内容、项目周期、项目预算等。可以将每个部分的写法做成模板，方便在时间紧急时快速完成。

其他类型的方案编制方法详见 4.2 和 4.3 章节。

3. 编制方案的基本方法你了解吗

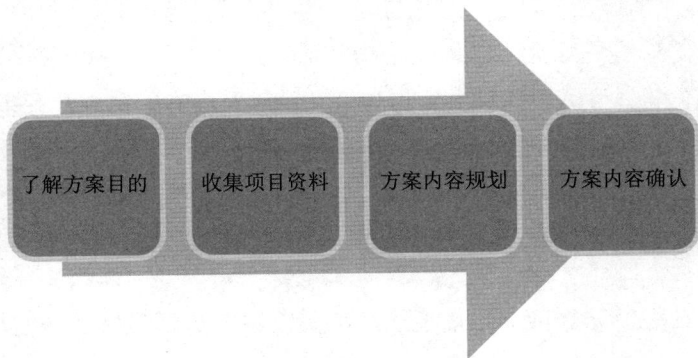

了解方案目的　　收集项目资料　　方案内容规划　　方案内容确认

方案编制流程

第一步，需要弄清写方案的目的，包括以下内容：

（1）方案写给谁看

不同的汇报对象决定了方案的不同侧重点，如我们在《不同客户角色，你需要怎么应对》一节中提到的，为副局长或者公司副总角色出具的一般是概要方案，页数在 10 页以内，内容需要清晰明了。阐述清楚为什么做这个项目、做了之后会给组织带来什么效益以及需要花多少钱。

（2）项目推进的阶段是什么

项目推进的阶段会和方案汇报对象一起决定方案的类型。比如，项目在递交审批阶段需要上报比较详细的项目建议书或者项目可行性研究报告。如果现在是项目早期，那么也许对客户的需求还不甚明确，贸然给出特别详细的方案只会暴露自己的弱点。

（3）方案需要解决的问题是什么

若方案编制是为了招标，那么需要提供比较详细的产品指标设计方面内容。

（4）目前最大的对手是谁

所谓知己知彼，百战不殆。了解目前介入该项目的竞争对手就可以在方案编制时更好地彰显我司优势及竞争对手的劣势。

如果对于上述问题都不清楚的话就要先了解客户的需求，可以安排面对面沟通调研，也可以进行电话沟通调研。当然这些内容不需要全部从客户口中获知，也可以召集项目内部会议与项目相关人员进行沟通，比如销售人员、项目经理、你的领导等。

第二步，需要搜集资料，包括以下内容：

（1）类似的方案

可以参考的方案包括这两个方面：在方案类型方面，如果你要编制项目可行性研究报告，可以找出已经评审通过的可行性研究报告，参考一下之前方案的框架以及颗粒度大小。在业务类型方面，如果你要编制的是企业网站方面的内容，则可以找出类似企业网站方面的方案，参考网站的功能、相较于其他公司的特点、主要成本等。

（2）类似的案例

主要是公司已经实施并且验收的项目案例。比如公司需要给一个市级政府机关单位做网站，目的就是要解决政务公开和网上办事的需求，那么就可以借鉴公司已经实施项目中是否有此类项目。可以借鉴在项目实施过程中遇到过的问题、如何解决的以及最终项目有哪些亮点等，这些内容最终会成为方案出彩的地方。

（3）公司能否实施

一般来说，我们接触的项目商机都是对口单位提供的需求。但是对于复杂度比较高、实施难度比较大的项目，还需要经过公司内部评估才能确定这个项目是否继续推进。

（4）向同事寻求帮助

如果说参考方案、参考案例是向事寻求资源，那么这一块则是向人寻求帮助。可以帮助你的人包括此业务类型对应的产品经理、已经实施该类项目的项目经理、了解前期项目推进情况的销售以及其他相关人。

对于搜集资料来说，非常重要的一点是需要平时多积累，形成个人知识库，并且对积累的资料进行分类，方便快速查找。这个内容将在第六章进行详细阐述。

第三步，进行方案内容规划，包括以下内容：

（1）主要引导客户的方向是什么

这一点就需要进行内部商讨，根据该项目目前阶段的商务策略来确定。比如这个阶段是突出我们公司的优势，还是在没有摸清楚客户情况的前提下不要把公司产品的主要情况和盘托出，避免被竞争对手获知，从而陷入被动的情况。

（2）内容边界如何框定

这个就直接决定了项目范围的大小。比如客户说要建一个数据交换系统，那么我们就需要梳理清楚，只是包括内部的数据交换还是涵盖了与外部的数据交换；仅仅能够实现定期交换还是需要实现数据同步，这个时候就需要框定大致的边界。

当然，边界框定需要根据客户目前的实际情况、遇到的问题以及客户心理预算来定。

（3）如何报价

从分工来说，一般关于报价事宜是需要销售来定的。但是报价由哪些情况决定以及报价如何拆分也是售前需要掌握的，报价一般由客户目前已有预算或者心理价位、公司产品成本、同类型项目成本等情况决定。

（4）工期如何

工期一般是指项目大概多长时间完成验收（如果客户比较急的话，最短多长时间上线），项目太大的话是否需要分阶段，要写明一些关键的时间点，比如设备采购时间等。

（5）大致页数

主要是根据方案类型、内容边界等框定方案的主要框架以及大致页数，一般项目规划方案是在 10 页以内；项目建议书、项目可行性研究报告以及投标文件则需要根据项目预算大小来写，比如 100 万元的项目至少需要 100 页的内容。

第四步，进行主体内容确认。

列出核心观点和大纲并与了解该项目的人进行沟通确认。人员方面，可以是内部人员如领导、销售，也可以是外部人员比如客户。

一般来说，如果你的售前经验不足或者碰到了新的项目以及产品领域，要先在内部进行初步审核再与客户进行交流讨论。若是你的售前经验比较丰富，而且客户也相对熟悉，那么可以直接跟客户交流讨论。

4.1.2　掌握以下方法，你的方案一定会达到优秀

1. 什么样的方案是好方案

一份优秀的方案，起码要包括以下三个特点：

（1）方案为客户量身定做，对客户面临问题、结合业务的应用模式、实施思路解决思路等阐述清楚。

（2）方案重点突出、框架清晰，可以让客户一分钟内了解方案思路。

（3）方案美观舒服，看起来很专业。

这么好的方案该如何写呢？

主要包括以下三个方面：

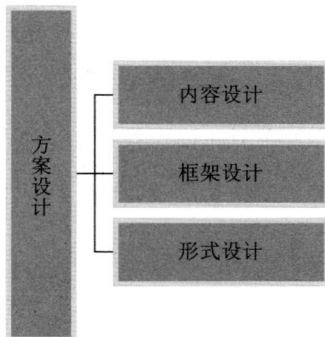

方案设计要点

（1）内容设计方面

方案内容设计

方案症状	解决方案
大量复制业务调研报告内容	重点写系统诊断的问题，少写目前业务现状
方案中大篇幅即是罗列产品功能手册	将产品手册作为附件，重点突出产品的应用模式和预期效益
列举过于详细的实施计划	对于项目实施方案不过多复制，概要地介绍实施思路和策略即可
列举大量的典型客户	主要对与客户相仿的典型案例进行重点介绍

（2）框架设计方面

方案的框架一般包括了几个部分：

①前置内容（前言和导读）：前言和导读主要用于比较厚的文件。比如投标文件，投标文件少则三五百，多达千页，可以指导专家在最快的时间找到想看到的内容。

②现状分析（背景和现状）：主要是对行业内部或有共识的已知内容进行阐述，为了证明你对行业有一定的理解。

③问题诊断（需求分析和解决思路）：主要是为了说明该项目解决的问题和重点建设思路。

④方案设计（总体设计、应用设计、数据架构设计、部署设计、功能设计等）：是方案最重要的部分，需要传达新的思想并花很多的精力去写，一般需要用图的方式直观展示出来，也是你最能够出彩的地方。

⑤实施方案（实施周期、培训计划、售后服务等）：说出你的合理性即可。

为了保证方案框架清晰，目录设计也很重要。目录标题需要包含思想，让读者一眼能够明白此部分的内容是什么。

（3）形式设计方面

①多使用图表。图表比较直观，可以让客户快速抓住重点，明白你想表达的意思。

②善用数字。比如项目建设内容，可以总结为"一平台三系统"，这样朗朗上口，比较容易记忆；比如，强调公司产品已经占领了 80% 的市场，覆盖了 10 亿的人群等，一下子就可以突出公司市场占有份额。

③方案页数。虽然方案通常在于精，但是在能够突出方案重点的基础上，也要突出一下项目建设方案的厚度。厚度可以代表你的诚意，100 万元的方案一般可以写成 100 页，而 500 万元的方案通常要 500 页才能与其所代表的价值匹配。因为如果厚度不够的话，通常在功能设计层面并没有细化到一定程度，那么方案的颗粒度就做得不够细。

④做好精美排版。第一印象很重要，如果排版有瑕疵的话会让人觉得不够专业。好的排版不仅可以让客户看得赏心悦目，也会让对方觉得受到重视。一个好的方案包装包括做标题和正文格式规范、有冲击力的封面、相对精美的装订等。

2．使用方案检查清单，让错误无处遁形

方案难免有疏漏，避免疏漏除了要有足够的认真和细心外，还要靠完备的检查机制来保障。人可以粗心，检查清单却可以帮我们避免容易犯的错误。

方案检查清单主要包括了三个层面。第一个层面是检查方案是否达到了本次所需要达到的目的，第二个层面是检查方案的内容是否完整清晰，第三个层面是检查方案里是否有格式、错别字等细节错误。

方案检查清单			
是否已达到目的	是否完整	是否清晰	是否有细节错误

方案检查清单要点

（1）方案是否已经达到目的

主要是看客户的需求是否涵盖，是否解决了本次需要解决的问题。

比如，对于投标文件则需要检查审核，是否出现了废标项、是否满足了评

分标准、是否满足了采购文件的技术需求等。

（2）方案内容是否完整

主要是检查方案的目录框架是否全面、是否有足够的依据、上下文的内容是否对应、关键点是否都提到了，如总体框架设计、应用功能设计等内容以及方案的工期是否符合实际、报价是否及时合理。

（3）方案内容是否足够清晰

主要检查在一分钟内是否可以让客户通过方案了解到思路、方案的背景和现状部分是否是已知内容阐述、总体设计部分是否传达了新思想、目录标题是否包含思想、论点是否简要清晰、对标题是否简要描述、文章过长是否有简要总结。

（4）方案是否有细节错误

主要检查方案里是否有和本项目内容无关的项目名称或者用户名称出现（关键字搜索），方案的目录结构是否工整、是否有无目录或者章节错乱现象，方案的页眉、页脚是否工整，有无页眉、页脚、页码丢失现象、标题和正文格式是否都统一。

4.2 不同的方案，需要突出的侧重点分别是什么

4.2.1 项目规划方案，要清楚为什么要做

项目规划方案最重要的是写清楚为什么要做这件事、做了之后有什么好处。

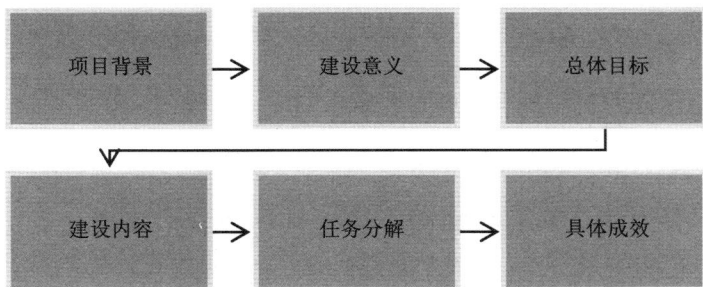

项目规划方案框架

（1）项目背景

这个部分需要突出国家政策与地方规划等背景，包括当地相关现状或已建系统情况。

（2）建设意义

这个部分是从国家政策以及单位需求层面体现建设的必要性，点出建设意义。

（3）总体目标

主要是了解公司产品，结合当地特色，制定针对性的应用系统。

（4）建设内容

从业务角度进行阐述建设内容，主要是从大层面展开，阐述具体做哪几个部分。

（5）任务分解

这个部分有两种写法，第一种是项目立项、项目建设、项目上线、项目验收各阶段的时间节点；第二种是分期规划的路线，需要写明具体的任务以及达到的效果。

（6）预期成效

主要是项目建设后的成效。

（7）保障措施

一般包括制度保障、组织保障、资金保障、运营保障等。

4.2.2 项目建设方案，要清楚我要做什么

1. 项目建设方案，重点是理清方案框架

项目建设方案最重要的是思路清晰（前后连贯一致）、完整。接下来将提供政府部门提供的建设方案的框架和思路，以供参考。

写给政府部门的信息化项目建设方案重点内容如下：

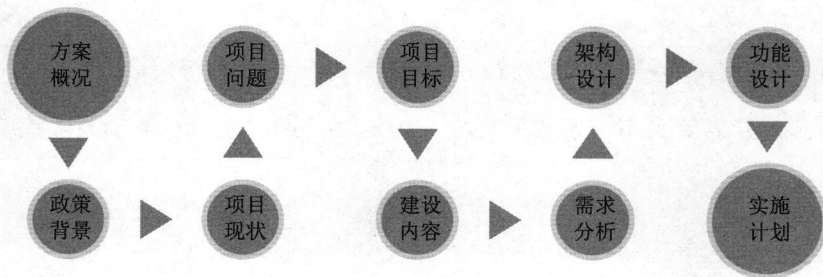

项目建设方案框架

（1）方案概况

该部分是对项目的整体性描述。包括本项目的建设单位、建设目标、重点建设内容、特色亮点、经费预算、工作进度等要点。

在写法上要高度概括凝练，让相关领导或评审专家看了概要后对项目的目标、思路、功能、方法、手段、措施有总体把握。

（2）政策背景

该部分要从政策层面描述做这个项目的必要性，提供的政策贴近于本项目，并且尽可能提供新发布的政策文件，政策的罗列要有层次。比如可以按人社部→省人社厅→市人社局这个顺序罗列。

政策背景的写作思路是在政策原文基础上提炼政策精神，并总结出对该项目的要求。

（3）项目现状

该部分需要指出项目的建设基础是什么，要注意突出现有系统的优势，让

用户看得舒服。

写作思路可以分为两方面，一方面是信息化现状，可以从基础设施和应用系统两个角度描述；另一方面是业务现状，主要论述业务发展特点。

（4）项目问题

这个部分主要是论述本项目核心要解决的问题，可结合业务发展趋势或根据项目目标进行倒推，至少写出 5 个方面问题。

项目问题的角度包括：难以满足政策发展需要、资源整合难、统一对外提供服务难、现有系统的问题等。

（5）项目目标

项目目标一般是一段话，写作思路可以参考如下句型：

在什么情况下、通过什么手段、帮助什么群体（如公众、经办人员、管理人员）、实现了什么。

（6）项目建设内容

项目建设内容是要写清需要做的事情。

建设内容可以从应用系统和基础设施两个方面写，也可以从项目推进计划的角度写。

（7）项目需求分析

项目需求分析可以从服务对象、使用情况、服务方式、业务特点等角度来写。

需求分析一般包括以下内容：

①业务需求：主要是根据业务部门职能要求，从客户的角度描述通过系统想要实现的业务目标。

②业务流程：可以分项目建成前和项目建成后，从而比对得出项目带来的成效。

③功能需求：主要是从用户以及开发者的角度描述如何去做这件事。

④数据需求：目的是用来估算所需存储容量的大小。数据需求可以从基础数据、业务数据、统计数据，这三类数据量的大小方面来估算。

⑤性能需求：目的主要是估算服务器的性能。可以根据业务处理量级来确定业务处理压力，比如当地人口大小、其中参保人口有多少、预计交易量有多大。

⑥设备需求：主要是基于数据需求和性能需求，用来估算所需主机、网络、安全、存储等需求。

（8）项目总体设计

目的是采用图表形式直观明了地把内容描述清楚。

①总体架构设计图：可以用七层图描述，包括服务层、应用层、基础支撑层、资源层、基础设施层、标准服务体系以及安全保护等体系。

②应用设计图：主要描述清楚项目中系统之间的关系以及项目中系统与外部系统之间的关系。

③数据架构图：系统有哪些数据以及如何流转。

④系统部署图：描述未来网络怎么走、如何进行部署。

（9）功能设计

功能设计主要体现工作量，需要跟预算部分匹配，每个功能模块的工作量一般需要拆解到 2 个人以下。

（10）项目实施计划

项目实施计划有两种写作思路：

①从项目任务角度，包括系统集成计划、应用软件计划。应用软件计划可以排到子系统层级。

②从项目建设阶段角度，包括招投标、系统调研、总体设计、详细设计、系统开发和测试、联调和试运行、部署实施、推广等阶段。

2. 教你一招，可以快速进行预算拆分

一般来说，售前是不需要管报价部分的，最终报价由销售来定。但对于售前来说，需要理解报价背后的原因以及能够做出预算的快速拆分。

建设方案总报价一般是要结合用户心理预期、行业内市场价格、本地项目价格情况、我方产品研发部署实施成本等得出结论。

对于公司来说，项目报价还需要考虑项目的重要性以及我司产品是否在该项目占有优势。

①应用软件如何进行预算拆分？

应用软件部分的拆分一般是先到系统再到子系统最后到功能模块。

功能模块的报价是根据工作量估算来拆分，是 n 个人月（是指每个人工作一个月）× 人月单价，工作量比较高的模块相对报价会比较高。功能模块报价在 5 万元以下才能让专家信服。

②如果需要留足利润空间，该怎么填写？

一般硬件利润是 10%，软件利润是 15%。

③除了硬件、软件费用之外是否有其他费用？

其他费用一般是指项目成本在软硬件费用外预计要发生的费用。

系统集成费用：系统软硬件平台（硬件和系统软件）总费用的一定比例，4% 或 8%。

前期咨询费用：包括项目建议书、可行性研究报告的编制，参照《建设项目前期工作咨询收费暂行规定》（计价格〔1999〕1283 号）采取分档定额法，根据项目金额大小划分。其中 1 亿元以下的项目一般在 6 万到 28 万元之间浮动，具体见下表：

前期咨询费用额度

序号	建设项目投资额（万元）	编制项目建议书费用（万元）	编制可行性研究报告费用（万元）
1	3 000 以下	1.5～6	3～12
2	3 001-10 000	6～14	12～28
3	10 001-50 000	14～37	28～75
4	50 001-100 000	37～55	75～110
5	100 001-500 000	55～100	110～200
6	500 000 以上	100～125	200～250

项目监理费用：含工程监理和财务监理。参照国家发展改革委、建设部印发的《建设工程监理与相关服务收费管理规定》发改价格〔2007〕670 号文，采用分档定额插入法，工程建设费 ×2.5%，具体见下表：

项目监理费用额度

项目金额	标准计费额（万元）	监理收费基价（万元）	项目预算（万元）	监理收费（万元）
500 万元以下	500	19	400	15.2
1 000 万元以下	1 000	36.1	800	29.26
3 000 万元以下	3 000	101.1	1 200	42.6
5 000 万元以下	5 000	158.4	4 000	129.75
8 000 万元以下	8 000	239.1	7 500	225.65
1 亿元以下	10 000	285.8	9 000	262.45

项目建设管理费：指建设单位从项目开工之日起至办理竣工财务决算之日止发生的管理性质开支。参考财政部印发的《基本建设财务管理规定》（财建〔2002〕189 号文），根据项目金额的大小，一般按照工程建设费的 1% 到 1.5% 计提。

项目建设管理费用额度

项目建设规模	费率
1 000 万元以下	1.50%
5 000 万元以下	1.20%
1 亿元以下	1%

④如果要报低价，如何说明报价合理性？

可以从以下三个角度来说明：

角度一：给予优质用户部分折扣，比如八折，适用于价格适当优惠的情况。

角度二：我司具有较高程度的产品化，实施周期短、成本低。适用于价格较低的情况。

角度三：投入人数 * 时间周期 * 人员成本（比当地最低工资略高），说明我司可以覆盖的成本，适用于需要用书面文件进行说明的情况。

4.2.3　招标文件，核心目的在于突出我方优势 ▬▬▬

1. 招标投标法，学习招标之前必须了解的事

招标投标法是国家用来规范招投标活动、调整在招投标过程中产生的各种关系的法律规范的总称。《中华人民共和国招标投标法》于 1999 年 8 月 30 日经全国人大常委会九届十一次会议通过，以中华人民共和国主席令第 21 号令的形式予以颁布，自 2000 年 1 月 1 日起施行。《中华人民共和国招标投标法实施条例》2011 年 11 月 30 日国务院第 183 次常务会议通过，自 2012 年 2 月 1 日起施行。

其中与招标有关的重要内容包括：

（1）哪些项目需要招标

在中华人民共和国境内进行下列工程建设项目包括项目的勘察、设计、施工、监理以及与工程建设有关的重要设备、材料等的采购，必须进行招标：

①大型基础设施、公用事业等关系社会公共利益、公众安全的项目；

②全部或者部分使用国有资金投资或者国家融资的项目；

③使用国际组织或者外国政府贷款、援助资金的项目。

（2）招标主要形式

招标分为公开招标和邀请招标。公开招标，是指招标人以招标公告的方式邀请不特定的法人或者其他组织投标。邀请招标，是指招标人以投标邀请书的方式邀请特定的法人或者其他组织投标。

地方重点项目不适宜公开招标的，经国务院发展计划部门或者省、自治区、直辖市人民政府批准，可以进行邀请招标。

另外，有下列情形之一的，可以邀请招标：

①技术复杂、有特殊要求或者受自然环境限制，只有少量潜在投标人可供选择；

②采用公开招标方式的费用占项目合同金额的比例过大。

（3）由谁来招标

主要有两种方式，自行招标和委托招标。

招标人具有编制招标文件和组织评标能力的，可以自行办理招标事宜。招标人有权自行选择招标代理机构，委托其办理招标事宜。

（4）可以不进行招标的情形

有下列情形之一的，可以不进行招标：

①涉及国家安全、国家秘密、抢险救灾或者属于利用扶贫资金实行以工代赈、需要使用农民工等特殊情况，不适宜进行招标的项目；

②需要采用不可替代的专利或者专有技术；

③采购人依法能够自行建设、生产或者提供；

④已通过招标方式选定的特许经营项目投资人依法能够自行建设、生产或者提供；

⑤需要向原中标人采购工程、货物或者服务，否则将影响施工或者功能配套要求。

（5）需要关注的重要时间点

《招标投标法》第 23 条规定：招标人对已发的招标文件进行必要的澄清或修改的，应当在招标文件要求提交投标文件截止时间至少 15 日前，以书面形式通知所有招标文件接受人。

《招标投标法》第 24 条规定：招标人应当确定投标人编制投标文件所需合理时间。依法必须进行招标的项目，自招标文件开始发出之日起至投标人提交投标文件截止之日止，最短不得少于 20 日。

《招标投标法》第 46 条规定：招标人和中标人应当自中标通知书发出之日起 30 日内，按照招标文件合同中标人的投标文件订立书面合同。

《招标投标法》第 47 条规定：依法必须进行招标的项目，招标人应当自确定中标人之日起 15 日内，向有关行政监督部门提交招标投标情况的书面报告。

（6）招标文件编制注意事项

招标人有下列行为之一的，属于以不合理条件限制、排斥潜在投标人或者投标人：

①就同一招标项目向潜在投标人或者投标人提供有差别的项目信息；

②设定的资格、技术、商务条件与招标项目的具体特点和实际需要不相适应或者与合同履行无关；

③依法必须进行招标的项目以特定行政区域或者特定行业的业绩、奖项作为加分条件或者中标条件；

④对潜在投标人或者投标人采取不同的资格审查或者评标标准；

⑤限定或者指定特定的专利、商标、品牌、原产地或者供应商；

⑥依法必须进行招标的项目非法限定潜在投标人或者投标人的所有制形式或者组织形式；

⑦以其他不合理条件限制、排斥潜在投标人或者投标人。

（7）招标人是政府机构的注意事项

由于政府采购要求更为严格，所以需要关注以下几方面的法律法规：

①法律：《政府采购法》；

②行政法规：《政府采购法实施条例》；

③部门规章：《政府采购货物和服务招标投标管理办法》《政府采购竞争性磋商采购方式管理暂行办法》《政府采购单一来源采购方式管理办法》《政府采购质疑和投诉办法》等。

因此，在编制招标文件前至少要问清楚几件事：

①招标主体是谁，政府机构、事业单位，还是企业以及是否一定要通过招标方式进行采购。

②本次采用哪种招标方式，公开招标还是邀请招标。不同的招标方式对应招标文件需要写的侧重点是不一样的。

③本次招标是自行招标还是委托招标，委托采购代理机构是政府采购中心还是招标代理公司。采购中心和代理公司要求也不同。

2. 招标文件的组成和编写要点是什么

一个项目走到招标阶段差不多就已经胜利在望。除非你的公司不在乎能够低价冲标，否则基本上招标就已经决定了项目的成败。

招标文件的编制过程中，我们是甲方的协助方或者提供建议方，那到底招标文件包含哪些内容，而我们能够提的建议有哪些呢？

一般招标文件分为三个组成部分：报名资格条件、技术需求、评分标准。

（1）报名资格条件

报名资格条件决定了未来会有多少家公司参与招标，政府监管是比较严格的。目前一般都是通用条款，包括是否符合采购法相关规定、是否被列入违法失信记录名单等。

如果这个部分需要提供，一定要考虑的因素包括：

是否违背对中小企业扶持的原则，申请条件中没有对企业的注册资本、资产总额、营业收入、从业人员、利润、纳税额等规模条件作出限制；

是否在国务院取消的行政审批项目目录内。如根据工信部信软函〔2018〕507 号文《工业和信息化部关于计算机信息系统集成行业管理有关事项的通告》：计算机信息系统集成企业资质认定"已于 2014 年由国务院明令取消，任何组织和机构不得继续实施。因此，计算机信息系统集成企业资质就不能作为报名资格条件来设置。

是否是垄断性的条款，即限定或者指定特定的专利、商标、品牌或者供应商；

是否与采购项目的具体特点和实际需要相适应或者与合同履行相关，比如如果放系软件企业资质，就要求技术需求中有软件服务相关内容。

（2）技术需求

技术需求主要写清楚这个项目要做什么，做到什么程度，而不是要怎么做。

① 技术需求包含的主要内容：

● 项目背景、项目目标、项目建设内容；

● 应用软件要求、硬件资源要求、性能要求、架构要求；

● 项目进度要求、项目人员要求、培训要求、验收要求、售后服务要求运；

● 付款条件。

② 可以设置废标条款：加特殊符号，比如三角或者星号。

（3）评分标准

评分标准就是专家在评标会上评定哪家公司作为承建商的标准，一般包括：

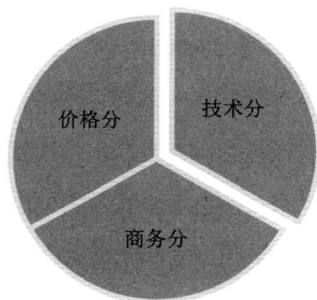

评分标准组成

① 价格分：报价越低，分值越高。一般是 10 分到 20 分。

② 技术分：关于技术方案评价（包括需求分析、项目重难点分析、总体架构、系统功能设计、性能保证方案、部署设计方案、系统集成方案）和项目实施评价（包括人员经验和资质证书、项目实施进度、售后服务、培训）。

③ 商务分：主要是关于公司综合实力的，包括资质、案例经验、经营规模等。

在招标文件的编制里最复杂的就是写评分标准，因为评分标准关系到是否会受到质疑。

评分标准编写的总体思路是：

① 每一条都必须有说出的理由：与采购项目的实际需求直接相关的，并且

是有利于项目实施的。

②必须写清晰：不能是含混的条款，让专家在评标时非常清楚何种条件下可以得分。

③资质证书需要非常明确：首先需要确认的是国家是否取消相关认证，若已取消则不能写在评分标准里面；其次，需要写清楚资质全名以及发证机关。

④不能将特定行政区域或者特定行业的业绩、奖项作为加分条件。

⑤满足认证证书要求的供应商数量具有市场竞争性，不能限定或者指定特定的专利、商标、品牌或者供应商。

3．招标文件中这几点也不能忽视

（1）如何防止低价冲标

方法一：将价格分分值调低。由于《政府采购货物和服务招标投标管理办法》（财政部令第 18 号）第 55 条第四款规定："采用综合评分法的，货物项目的价格分值占总分值的比重为 30% 至 60%；服务项目的价格分值占总分值的比重为 10% 至 30%。有特殊情况需要调整的，应当经同级人民政府财政部门批准。"因此，货物类项目可以将价格分最低调到 30 分，服务项目可以将分值最低调到 10 分。

方法二：可以设置低于成本价废标。在招标文件无效标条款中设置一条："投标报价明显低于其他投标人，经评标委员会质询后不能在规定时间内说明理由，或说明理由但评标委员会认为理由不能成立的，按无效标处理。"

（2）是否设置系统演示要求

主要是看建设方对于系统的要求并分析在系统演示方面公司产品或者演示系统是否能够凸显优势。

一般因为投标文件内容较多，而专家在评标的短时间内也难以看完厚厚的大部头投标文件。系统演示能够比较直观地反映出对系统的理解。

系统演示要求一定要写明演示哪些模块、以什么样的方式演示（原型、数据图、真实系统等），哪些内容可以得分。

（3）是否能够快速通过代理机构采购的评审

当招标文件编制完成后，可以从以下几个角度进行检查。

● 评分标准中资质文件放进去的理由是什么（资质全名、发证机关、是否取消认证）；

● 评分标准是否清晰，包括提供的证明文件是否能够进行支撑；

● 评分标准是否完整（包括总体设计、功能设计、系统软件、实施、售后服务和培训等）；

● 评分标准是否有歧义。

以上只是招标相关的要求和经验，具体操作还是看项目情况，以甲方意见为准。

招标文件编制是售前的基本功，只有理解和掌握背后逻辑才能保证文件质量。

4.3　投标文件，重点在于能够拿到最高分

投标对于售前来说可谓是万里长征最后一步了。拿到招标文件后，与自己公司资质、产品完全符合会喜笑颜开，而自己公司资质、产品差别太大的就只好硬着头皮去投标。

投标是整个项目流程的临门一脚，直接决定着公司是否落单，所以非常关键。这个阶段最重要的是能够在专家评标的时候拿到最高分，成为中标供应商。

4.3.1　投标的第一步，做好招标文件分析

在进行投标文件编制之前，一定要对招标文件进行分析。

主要包括以下几个方面：

（1）投标要点分析：包括需要关注报名时间、答疑日期、投标日期等主要时间节点以及预算金额、招标单位和用户单位。

（2）投标门槛分析：主要分析公司是否有资格投标。

（3）评分标准分析：分析我方能够得多少分，一般来说在资质案例等硬性条件方面如果有 5 分以上差距的就要放弃了，不然在其他方面很难追平分数。

（4）技术需求分析：主要分析里面的硬件是否有授权、主要的技术要求是否都能满足、技术方面的重难点是什么等。

4.3.2　投标文件清晰完整才能提升中标率

在谈这件事之前，有两个问题需要思考：

第一，投标文件是写给谁看的？

第二，投标文件是要把谁 PK 下去？

第一个问题，投标文件当然是给专家看的。

所以，应该能让专家在现场评标时快速看到他想看的内容，投标文件能做到清晰、完整非常重要。所谓清晰是做到方案框架一目了然、上下文思路清晰、文档格式整齐漂亮、语言简洁干练，能够充分体现合理性和科学性。

所谓完整是内容要全，能够做到充分响应招标文件中评分标准、技术需求。

第二个问题，投标文件是为了能够拿到更高的分数。因此在投标之前一定要进行投标策略分析，主要是分析竞争对手情况，总结出自己公司的投标优势所在、劣势所在，在编制过程中扬长避短。

因为每个项目的竞争对手情况都不同，这里不多说，重点说说如何能够把投标文件写得更清晰、更完整。

（1）如何做到清晰

①写清楚目录结构：

目录结构的编制除了要遵循招标文件对目录和格式的要求之外，还需要做到以下两点：

- 目录结构内容要全，而且要有上下文逻辑关系。
- 目录结构一定要结合评分标准，能够让专家一目了然地看到评分点所在的章节。

②写清楚评分指引表和偏离表：

评分指引表是投标方为了能够让专家更高效地打分制作的对应到章节的表格。

设置技术偏离表的目的，是方便专家快速查阅对于招标文件中的技术需求，投标文件是否都进行了响应。

③突出我方的亮点：

- 有几张逻辑清晰、能够体现对项目深刻理解的图。
- 要有对这个项目关键点的思考和理解，关键点一定要能够突出我方优势。

④封装要体现诚意

- 如果对方重视标书厚度以及形式是否好看，那么就一定要把标书做厚，并且做个有特色的封皮。
- 若文件很厚，可以把投标文件进行分册装订。
- 若有述标环节，可以把讲标的PPT以彩页形式打印出来发给在场的专家。

（2）如何做到完整

①内容的完整：

主要是指对招标文件中项目的要求必须做到全部响应。从项目建设内容到项目建设周期，再到项目建设管理必须面面俱到。

尤其是要响应隐藏在不显眼地方的需求，比如在系统架构需求中对系统对接的要求。

②重点内容的突出：

专家在很短的时间内主要看项目建设关键点如何解决、需求分析是否能体现对项目整体理解、项目建设思路是否清晰、项目工期和人员安排是否合理。

所以这几块内容一定要着重写，若有讲标环节则需要把这些内容讲清楚。

建设思路是否梳理的清楚需要有五张图，包括：

- 系统总体架构图：就是我们传统所说的七层图，主要是讲清楚系统总体架构是什么。
- 系统功能结构图：主要用来描述有哪些主要子系统和功能模块。
- 系统应用结构图：主要是用来描述内部子系统之间的关系以及与外部系统之间的关系。
- 系统数据结构图：系统有哪些数据以及如何流转。
- 系统部署图：描述未来网络怎么部署，包括未来用户使用什么方式接入、其他机构如何接入以及内网与外网之间怎么打通等。

4.3.3　做好投标管理才不怕出错

由于投标整个过程时间非常紧张，而且又涉及很多人的协作，包括销售、多个售前、销售助理、系统集成人员、项目实施人员等，因此一定要做好整个投标过程的管理。

在过程中关键要实现进度把控、质量把控，而要做好这两点一定要开好两个会，做好一张表。

（1）两个会（投标启动会和投标评审会）

①投标启动会：

投标启动会是指在投标开始时召集所有跟这个项目相关的人员的会议，目的在于大家达成共识、统一行动。

开好投标启动会的关键在于大家的积极参与，同时要有牵头人事先仔细研究招标文件。

会议讨论的内容包括以下几个方面：

- 项目前期背景介绍：由前期参与人员负责。

- 招标文件分析：主要是实现确认哪些是废标条款、评分标准，有疑问之处来通过销售确认。

- 人员分工确认：包括人员分工和主要时间节点。主要是看参会的人员是否有问题，包括演示系统制作和授权代表的确认。

- 项目的关键点和重难点分析：由于这个部分比较重要，而组织会议又十分难得，可以让大家进行头脑风暴。

（2）投标评审会

投标评审主要是对投标文件进行审核。主要分两次，一次是初稿的审核，一次是终稿的审核。

投标评审很多时候是可以通过邮件形式进行的，会议的召开主要是大家对一些尚存疑的问题进行讨论。建议在初稿审核时采取会议形式，终稿审核通过邮件形式。

① 初稿的编制和审核

初稿的编制主要关注投标文件的完整和清晰。编制过程中还需要关注每个人的进度（可以要求邮件回复进展情况）以及遇到的问题（协调资源并解决）。

初稿的审核主要关注是否充分满足和响应评分标准，其中比较重要的包括对需求分析、重点的图以及项目关键点的审核。

初稿评审会议需要把参与投标的人员全部召集起来，会议讨论事项可以包括以下内容：

- 投标文件的检查：大家集中起来把稿子过一遍（统一思想，前后协调）。

- 重难点问题的核定确认：对于应标尚不明确的内容进行讨论。

- 系统演示和 PPT 讲解预演：若有需要系统演示的环节则需要对 demo 预演，看是否需要补充加强；若有 PPT 讲解环节则需要讲标人提前讲一遍 PPT，大家再统一提供意见。

②终稿的编制和审核

终稿的编制主要是对初稿评审会议中大家提出的问题进行修改补充确认。终稿的审核重点关注是否有格式错误、是否存在废标项、是否出现一些常规性的错误（比如拷贝粘贴中没有改掉的其他项目名称、其他省市的名称等）。

（2）投标一张表（投标评审表）

所谓投标评审表就是为了审核而准备的，把标书所对应的废标项目、所涉及的得分点项目以及其他待检查内容做到一张表里，从而能够实现审核过程中的重点清楚、没有遗漏。

而审核表的制作可以包括以下几项：

①标书废标项

可以在招标文件中搜索"废标""无效"等字眼，并且把标书要求的资格项目列入。

②评分标准项

把评分标准项目列入。

③标书重点项

- 项目名称；
- 项目编号；
- 项目工期；
- 售后服务期限；
- 投标有效期；
- 付款条件；
- ……

④格式项目

- 全文页码是否统一；
- 全文字体是否统一；
- 是否有空白页；

● 图片有没有居中；

……

⑤其他常规错误

● 是否含有其他项目名称；

● 是否含有其他省市名称；

……

4.3.4　投标只靠方法论不够，日常也要多积累

虽然标书质量的高低在于投标的整个过程中参与人的水平、投标管理是否到位以及对项目信息了解是否清楚。但还是有很多功夫都在平时。参与人的水平、投标管理是否到位以及对项目信息了解是否清楚。在日常积累中需要注意以下几个方面：

（1）日常多积累投标方案

由于从招标文件发布到递交的时间并不长，尤其是每年八月到十一月份是投标集中的季节。因此，平时一定要多积累方案，形成资料库，这样才能在投标时快速找到相应资料，不至于太焦虑。

（2）多思考，不能只靠复制粘贴

即便投标文件有很多可以参考的方案，也要有自己的思考。

每一个项目都有其个性的点，为了响应一项评分你可以花半天时间也可以花两天时间，经过更长时间思考得出的结果肯定是不一样的。

（3）每次投标都要进行总结

无论是否中标，投标后要做投标总结。

可以总结的内容包括本次做得好的地方、以后需要改进的以及本次积累下的行业知识或技术知识。只有这样才能够不断地提高。

4.3.5　粗心，最后一切都归零

投标工作是个细致活，特别容易出错。有些错误一旦犯下就全盘皆输。这个过程需要协调各种资源，也需要特别有耐心。

之前听说过好多种被废标的情况，比如：

现场投标要求带原件却忘了带；

现场投标要求一正五副的，只带了一正四副；

投标文件应该放总公司社保证明，却不小心放了子公司的；

报价表里没有覆盖所有建设内容，被认为报价信息不全的；

赶往投标现场的路上堵车，没有在投标截止前提交投标文件的；

……

出现废标情况非常可惜，因为投标是整个项目进程的临门一脚，被废标就等于以前所有的努力都付诸东流。

因此，投标需要非常的细心和耐心，不然一切归零。

为了保证不出错，你可以做以下几项检查：

①投标文件定稿前对废标项做最后的检查。

②对打印店胶装好的投标文件要再检查一遍，防止有缺页、图或字迹不清的情况。

③如果是电子投标，一定要提前一天上传，避免当天因系统或网络等问题出现不能上传的情况。

④如果纸质版标书被封装了，可以在封装的箱子底部要预留口子，以备临时检查出现问题做裁页修改。

4.4 案例分享：小雪投标文件制作失误记

4.4.1　投标文件制作失误记

　　小雪进公司已两年，她成了一个编制投标文件的老手，所以对于投标文件的编制越来越程式化，对于所有投标文件都是一成不变地按照格式要求编排章目录，并且按照评分标准编写节目录，然后再根据部门资料库的内容内容进行填充。

　　久而久之，小雪已经忘掉方案存在的意义在于能够帮用户解决问题，需要有自己方案的逻辑，需要更好地展示给专家我们公司的优势，需要对每一份投标文件都认真仔细地对待。

　　这不，这次投标文件的编制，小雪就出问题了。

按照正常进度，后天就要现场投标，明天必须封装，那么今天投标文件就要定稿了。

现在已经晚上十点钟，但是小雪发现自己编制的投标文件出现了以下几个问题：

1. 案例问题

在招标文件中，要求的合同案例需要满足以下条件：

年份要求 2013 年到 2015 年；必须是相应设备案例；不能转包或分包；必须有对应设备的清单。

公司内部申请合同案例的流程是：发邮件给相关同事合同的关键词；相关同事通过关键词进行合同查询并与小雪确认合同的名字；经过领导审核后，可以下载合同。

小雪确定的关键词是"集成""维保"等，想当然地以为某几个大型项目维保案例里面肯定含有设备，拿到合同后并没有对合同案例进行及时的检查。

等到方案快定稿时才发现，原来大部分大型项目维保清单里面是软件维保，而非是硬件的维保。

幸好当时销售助理在，她手上有大量的硬件案例，才来得及把这些不合适的案例替换掉。

2. 原厂商案例问题

在评分标准中，原厂商案例中有一个条款：需要使用过某支撑软件的实施工程师经验，并且需要合同证明原件。

而小雪在进行招标文件分析的时候，把这条给漏掉了，以为只需要合同证明原件即可。

幸好，公司当地就有合作客户，可以在第二天一早帮忙提供用户证明并加盖公章，不然 5 分就这么白白丢了。

3．技术部分编写问题

这个项目属于硬件维保类型，小雪想当然地按照招标文件格式目录要求进行组装。

方案写出后发给领导审核，就被领导批评了，"方案逻辑有问题，表述上虽然是承诺，但是应该由用户方的语气转化为个人语气，技术偏离表写得太差。"

听到这些小雪有些泄气，仔细回想问题在哪里。

（1）方案逻辑方面：纯粹从投标文件格式出发，没有从专家的角度出发，考虑方案思路是否清晰。

（2）个人语气转化方面：不够细心，对招标文件里面的条款没有慎重考虑，都只是简单写"我承诺可以做到"。

（3）技术偏离表：做事情不够认真，偏离表可以进行详细地响应，也可以进行概要地响应，自己为了偷懒就把内容写得很粗，完全看不出来是否真的无偏离。

小雪看了一眼手机，已经马上凌晨两点了，又困又懊悔，叹了口气说，看来今天通宵是不可避免了。

4.4.2　案例总结点评

1. 招标文件分析不到位：在开始做投标文件之前，需要对招标文件进行仔细分析，招标文件分析不到位会导致对合同案例的要求没有处理要点，所以在定稿前才发现有问题。

2. 投标文件写的不够清晰：这就是小雪领导批评的关于方案逻辑的问题，主要表现在两点，第一是在目录结构上看不出方案思路，第二是偏离表内容响应不够细致。

3. 投标管理不够细致：这主要表现在两点，第一是没有进行投标评审表的编制，才会导致对一项评分标准的疏漏；第二是投标进度管理问题，初稿一般需要在定稿前几天就完成，然后进行投标文件初审，这个阶段就应该发现评分问题和合同问题，不至于在定稿当天才发现，导致非常被动。

4.投标不够认真细致：这就包括了对于小雪领导提出的语气转化问题，以及偏离表颗粒度较粗的问题。

第 5 章
你到底有多少好伙伴

职场中，售前需要经常接触的主要有几类人，其中包括销售、你的领导等。在处理工作时，售前与其他职位具有一定程度上的共性，需要做好向上管理，同时做好横向管理。

5.1 销售是你最重要的合作伙伴

在工作中，售前对接最多的就是销售了，有时候干脆把售前叫作销售的技术支持，所以在整个项目过程中，需要与销售紧密配合。

5.1.1 懂销售才能与销售更好地合作

销售和售前是好搭档，但同时也可以说是"冤家"。

售前对销售的抱怨是方案要的太急，带回来的需求不清楚，写了很多方案都不靠谱，如果项目最后没有落地，还要售前负责。

销售对售前的抱怨是方案没有针对性，现场交流准备不充分，白白浪费了一次项目机会。

之所以会产生这样的冲突，很大程度上是因为销售和售前的职责、边界模糊。一般来说销售搞定人、售前搞定事，但是因为两者工作是相辅相成的，所以很难分清最终到底是谁来承担责任。

对售前来说，想要与销售达成协作，首先需要明白销售是谁以及销售的整个工作流程。

根据付瑶老师在《摧龙八式——客户拓展策略与专业销售技巧》中所讲，并结合个人经验梳理，对于销售来说，整个与客户接触过程中的流程如下：

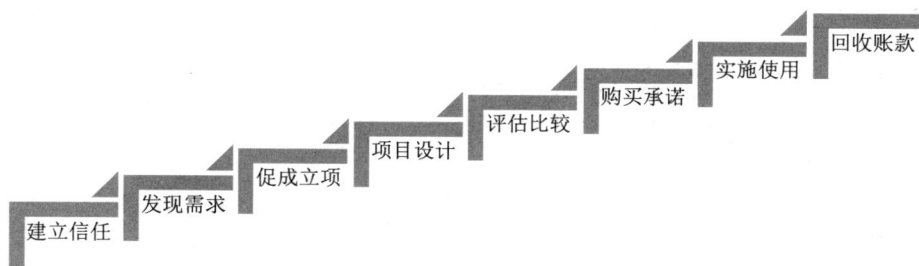

销售流程

1. 建立信任：销售的第一步是获取客户的信任。这个过程需要建立客户组织关系地图，慢慢与客户从认识到可以私交，再到结为同盟。一般这个阶段售前是不进行介入的。

2. 发现需求：这个过程需要摸清客户的需求（分清表面需求和潜在需求）以及带来的影响和问题的严重性。帮助客户分析出改变带来的好处、不改变的坏处。售前一般是会从这个阶段开始介入的。

3. 促成立项：这个阶段是要实现客户内部汇报的通过以及客户对外申请预算，针对决策者关心的为什么要做、建设范围、建设成效展开描述。售前在这个阶段主要提供项目规划材料。

4. 项目设计：这个阶段主要对项目所需产品的采购指标设计。售前在这个阶段主要是提供项目建设方案。

5. 评估比较：主要是通过突出本公司产品的特点、优势以及能够给客户带来的利益来体现公司的价值。这个阶段售前的工作主要是软件演示和技术交流。

6. 购买承诺：这个阶段主要是消除客户的担忧，包括可能带来的个人风险、机构风险、政治风险，若是能够预测风险、制定补救计划并实现风险规避，客户就会买单。这个阶段售前主要是通过技术交流消除客户在技术方面的担忧。

7. 实施使用：这个阶段需要适度降低客户的期望值，不然会降低客户的后期满意度。基本上这个阶段售前就主要负责交接。

8. 回收账款：主要是通过信用审查、监控流程、催款流程实现账款回收。这个阶段基本不需要售前的参与。

可以看出，销售是整个项目的完整参与和负责者，售前只参与部分环节。并且销售具有业绩压力，对于项目的急迫性会比售前高。

售前和销售的协作价值一定是建立在对项目有共同的认知基础上，对于这个项目的重要性、目前所处的阶段、所面临的竞争形势和接下来要达成的事情双方一定要多沟通。销售要有 owner 意识，在每一次售前交流或者方案跟进时，双方都要达成共识。这个共识包括方案或交流需要达成的目标、哪些内容可以作为重点去描述展开。售前也需要有一定的销售意识并及时了解其他相关信息。

5.1.2 协作第一步，判断项目信息是否靠谱

作为售前，遇见不靠谱的销售该怎么办，动不动就是"你出一个方案"，却不管方案的成功率如何。

对于这种情况，首先要判断项目信息是否靠谱。

可以问销售几个问题：

①客户做这件事的初衷是什么？

②预计预算是多少？

③大概的采购时间表是什么？

④目前项目处于什么阶段？

如果销售连这些基本问题都无法回答的话，基本可以判断这个项目不太靠谱。

具体可以参考下表进行判断：

项目信息筛选				
客户需求	财务状况及预算	急迫性	时间性	公司战略价值

项目信息筛选

1. 客户需求：主要是看客户需求是否明确

售前需要重点支持的是已决定进行的项目，规划中的项目最多提供规划材料或产品白皮书等，而潜在需求项目一般不需要售前介入。

2. 财务状况及预算：主要是看客户是否有相应预算

对于有足够预算的项目可以进行优先跟进。

3. 急迫性：主要看项目是否紧急

对于客户高急迫性的项目可以优先跟进。

4. 时间性：主要是看项目是否有相应的时间节点

客户对项目已经有一定时间排程的，可以优先跟进。

5. 公司战略价值：主要看项目是否有利可图、是否可发挥公司竞争优势、是否具有示范价值

这一项可与售前的领导确认，如果项目非常重要，那么也需要优先跟进。

5.1.3　长期合作对接，把销售当作你的客户

为了避免后期与销售扯皮，进行介入之前一定要了解这次参与达到的目标是什么，弄清方案的相关信息后才能下笔。

1. 提供建设方案需要了解的信息

（1）客户建立平台的由头是什么，是政策要求还是业务需要；

（2）方案是要写给谁看；

（3）客户需要突出的特色内容是什么；

（4）是否能提供当地的政策、年终总结、新的一年工作要点；

（5）客户预算多少。

2．进行方案申报需要了解的信息

（1）需要提供的项目申报书格式；

（2）具体需求有哪些；

（3）硬件部署是自建机房还是政务云。

3．进行招标文件需要了解的信息

（1）是否有竞争对手；

（2）采用哪种招标方式，公开招投标、竞争性谈判、单一来源采购申请；

（3）招标代理是招标公司，还是采购中心；

（4）是否有招标文件模板（价格分、技术分、商务分各占多少）；

（5）是否可以设置报名门槛。

对于销售经常需要提供的方案，如果公司产品是相对标准化的话，可以提前准备标准化模版，然后结合具体项目情况进行适当补充修改。

5.2 做好向上管理，你将得到更多的支持

除了销售之外，与售前密切协作的就是上级领导。领导负责售前的任务分配、工作辅导、工作考核，是职场里对你影响最大的人。而你想要获得更多的工作机会和进步，就一定要做好向上管理。

5.2.1 同步信息，最简单的获取信任方式

想要做好向上管理，前提是要明白领导是谁，关注点和担忧点是什么。

对于管理者来说，他／她看待下属一般有以下疑问：

①他／她胜任吗？

②他 / 她的动机是什么？

③他 / 她关心支持我吗？

能够解除这些担忧最重要的就是不断进行信息同步，打消领导的担忧。

一般信息同步适用于以下几个场景：

①工作成果完成或工作中出现问题：前者需要汇报工作的终结，让领导放心，后者主要是同步一下目前存在的风险以及可提供的解决方案。

②当你跟客户或其他同事交流后：这主要是为了让领导了解事情的进展如何，如项目开展情况以及接下来需要做什么，以便他与你有相对一致的信息，也有利于你未来获取相关的资源和帮助。

多进行信息同步，让领导知道事情进展如何。这样可以减少项目风险，也能消除领导对你的担忧，进而对你感到放心，放心也就意味着信任。

5.2.2　汇报工作，最重要的是抓住重点

给领导汇报工作是很多人都关心的事情，其实对售前来说，无论是年终总结还是汇报工作，都需要抓住领导关注的重点。

其实，汇报工作是有相关套路可以遵循的。你可以照着以下四个步骤，对领导进行工作汇报：

| 事实 | 观点 | 建议 | 预测 |

汇报工作步骤

①事实：发生了什么。

②观点：我的想法是什么。

③建议：我个人的建议是什么

④预测：这么做了之后未来会怎么样。

比如，领导问你对这个项目是否要投标有什么看法。

你可以这样回应：

事实：我对招标文件进行了分析，其中客观分（包括案例分数、资质文件所得分数）我们失分为 3 分左右；但是这个项目非常重要，是该部门组建后的第一次大规模招标，如果能够中标这个项目，对后续其他省份项目也会有积极推送作用。

观点：这个项目十分重要，需要参与投标，但是赢面不大。

建议：参与投标的话，需要进行全力以赴，调动所有资源，包括项目实施团队、销售团队、产品团队等。

预测：为了保障项目顺利进行，建议由比较能调动资源的人担任投标负责人，并且成立项目小组，进行具体工作任务分工。

这样进行回应，不但有事实有观点，还可以对当前工作提出建议，让领导知道你确实对这个事情进行了慎重而认真的思考。

另外，相对于过程，领导更关注结果，好的工作汇报一定是结果导向的，而不是过程导向。比如做年终汇报，你说"我今年负责 10 个项目，中标 6 个项目，落单率 60%，中标金额 800 万元。"一定要比"我今年特别努力，在某某行业做了积极开拓"给人留下的印象深刻得多。

可能还有疑问，是不是一定要年终总结或者领导主动询问时才需要汇报工作？当然不是。

你也可以利用工作周报或者工作月报，对领导进行汇报。包括这个月已经完成工作任务是什么，目前遇到的问题是什么，准备怎么解决，需要什么帮助以及下周的工作计划是什么。

这样既可以让领导了解你工作的进展，又可以清楚你是有计划、有思考地推进工作。

5.2.3　处理任务，进行工作确认和反馈

在处理具体任务的时候，需要做到以下三点：

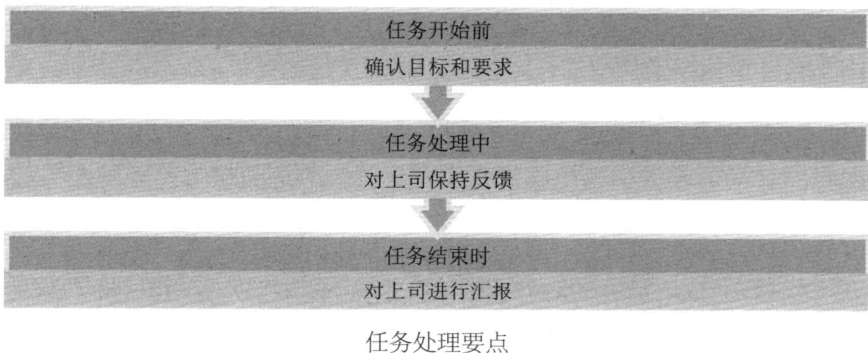

任务开始前
确认目标和要求

任务处理中
对上司保持反馈

任务结束时
对上司进行汇报

任务处理要点

1．任务开始前，与领导进行确认

在工作开展前，跟领导确认清楚，你需要完成的事情到底是什么，需要做到什么程度。

初入职场时我就碰到过这样的问题，由于没有及时确认工作要求，导致了严重返工。

当时领导说，小徐啊，帮我准备一个明天去交流的 PPT。

经过三天的奋战，我喜滋滋地把 PPT 拿到他面前。

没想到，他一拿到 PPT 就说，PPT 做得不合格。

于是我就又熬了一个通宵。

后来我才反应过来，自己并没有与领导确认这个 PPT 交流的目的是什么、PPT 汇报对象是谁，才会出现这样的问题。

2．任务处理过程中，对领导保持反馈

在处理任务过程中，尤其是对于比较重要的项目，需要让领导了解到目前的主要进度。

曾经一个领导不断打电话过来问我进度，当时才意识到这是因为自己反馈

不够及时。所以在之后的工作中我把顺利和不顺利情况都告诉他，再也不需要他来主动问我进度了。

处理任务的过程中，需要不断跟领导汇报现在的工作进展是什么，遇到的问题是什么，不要等领导来问。

因为领导把这个工作交给你，你就要想办法让对方放心。

3．任务完成后，对领导进行汇报

项目的完成不以提交工作成果为最后节点。而是以你向领导汇报完成，得到他的认可为最后的节点。

在工作结束后，也要向领导汇报你的工作结果是什么。比如你完成了一个项目，可以把项目的结果、用户的评价、你积累下的工作经验和教训告诉领导。

5.3 案例分享：与销售磨合实录

5.3.1 小雪朋友关于销售的抱怨

小雪的朋友小白也是一名售前工程师，在一家不到 500 人规模的公司工作，他向小雪抱怨了自己与销售合作遇到的问题。

这个公司规模不大，各方面制度不太完善，对销售业绩要求也比较高。公司里面的销售们都很神气，常常对支持其工作的团队颐指气使。

小白做事认真负责，无论什么事都自己扛。不管销售是通过微信、语音、电话的形式找他，小白都把需求应下来。

后来就出现问题了，销售没有把需求说明白，所以方案无论是有点什么问题，销售都跳出来指责小白。

用小白的原话说就是，"做好了，功劳都是他们的；做不好，都是我的不是。"

小白每天在公司加班到晚上 9 点，最后还落得一堆埋怨，真是苦不堪言。

听了小白的一席话，小雪也想起以前自己跟销售打交道的事情，当时自己长期在外地出差，销售就打着领导的旗号要求自己去跟踪某某项目，在周末邮件汇报的时候，领导才说这个项目他不清楚。小雪才知道，原来是被不靠谱的销售坑了。

小雪因为比小白多两年的售前经验，这个时候已经可以帮着小白出点子了，她提供了两点建议：

第一是关于如何跟销售沟通。其实可以更强势点，把自己需要知道的信息告诉销售，他要么就会自己去问用户，要么就让你去联系用户。曾经我遇见过一个销售，紧急让我出方案，于是我回了个邮件给他，询问了几点内容，包括客户做这件事的初衷是什么、预计预算是多少、大概的采购时间表是什么、目前项目处于什么阶段，并且邮件抄送给我的领导。后来销售压根没回那封邮件，也没有再提起这件事情，很明显，这些信息他都没有弄清楚。

第二是跟销售打交道需要有相应的流程和机制。比如说我们公司就有一个销售，让我到客户现场支持调研事宜，我用两点回绝他：首先这是在合同签订之后的事情，属于实施。其次，如果需要支持，你要发邮件过来，让你的领导确认，并得到我的领导支持。

其实对于比较积极的销售来说，有时候他是希望尽可能撬动公司资源为自身服务，但是使用的方法是否正规靠谱以及是否对于售前不利，并不在他的考虑范围内。这个时候你就要自己判断这个项目是否靠谱，还要通过流程和机制来约束对方，这样才不会被销售牵着鼻子走。

小白顿时觉得有些豁然开朗了，原来还可以这么操作。

小雪心里却想，事情其实并没有那么简单，当然了，如果你希望长期在这个公司工作下去的话，就一点一点来吧。

5.3.2　案例总结点评

1. 由于公司规模大小不一，存在的问题不一样，对于售前来说，生存状态也不同。有些公司由于经营压力较大并且规章流程并不完善，对销售权限较高，这个时候势必会让售前感觉到合作方面的不顺利。对于这类公司，售前更应该懂销售，了解他们的难处，并做好有临时突发任务的心理准备。

2. 要学会判断项目信息是否靠谱，即使在这类公司，小白也不能所有的需求都接，要提前进行判断。包括要求销售必须以邮件形式提供需求，让销售珍惜售前的付出，并为后面可能有的冲突留下有利于自己的证据。对于没有明确项目由头、项目预算、时间节点等内容的项目都要予以拒绝。

3. 可以整理部分常用文档。如果销售对于部分文档要的比较频繁，可以提前准备标准化文档，如果有需求快速修改就可以应对。

第6章
这里有一套售前工具包

作为售前，有时候你会很奇怪，为什么自己需要做一天的事情，对方两个小时就能完成。其实除了在业务知识、技术知识、工作经验的储备外，工作习惯、工作方法、工作软件方面的积累也能助你大大提升效率。

6.1 良好的工作习惯助你快速提升

无论何种职位，养成良好的工作习惯都会助你大大提升工作效率，而对于售前来说，可以养成的习惯就至少包括学会总结以及拥有属于自己的知识库。

6.1.1 学会总结，你才能更快提升

作为一个需要深厚知识积累的职位，只有不断总结、形成自己的知识库才能更快地成长。

1. 工作小系统助你工作更高效

工作小系统是指，对工作中需要重复的事项建立一个实操步骤，保证以后处理该事项时可以更加快速和准确。

写方案和制作投标文件都是售前的常见工作，但有些错误又是经常会遇到的，那么在每次方案提交前使用相应的检查清单或者评审表格，就可以帮助我们减少在工作中会犯的错误。

比如，在第 4 章使用到的方案检查清单以及投标评审表，都是我在日常工作中积累的工作小系统。

再比如关于如何正确填写报销单，由于我比较粗心总会有一些遗漏，于是就制作了一个如何处理报销单的小系统。

发票整理	系统填写	单据打印	发票粘贴	票据提交
●出差回来，所有发票放入信封 ●信封上写上出差地点和日期	●确认费用归属 ●填写完成后进行审核	●单张单据在"待打印"中打印 ●多张单据在"查询打印"中统一打印	●按照单据上顺序进行粘贴 ●粘贴后检查是否有松动	●粘贴完成后，立刻提交

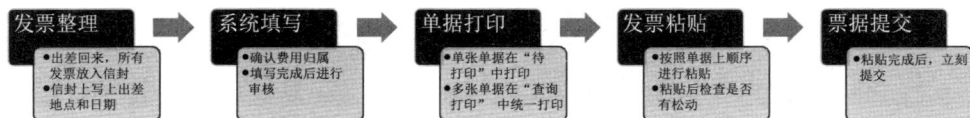

报销单填写小系统

包括如何进行整理单据（每次发票需要装入一个信封）；填写的时候注意事项是什么（包括常见错误是费用归属、费用类型、费用金额）；报销周期（每月工作最后一个工作日进行处理，避免忘记）。这样我就可以又好又快地填写报销单了。

具体样例如下：

（1）发票整理

出差回来后，把所有的发票放入一个信封；

信封写上出差的地点和日期。

（2）系统填写

将需要报销的发票录入系统。

费用归属：确认是分子公司还是事业部；

费用类型：填写后需要检查；

项目名称：填写后需要检查；

费用日期：填写后需要检查；

费用金额：填写后需要检查。

（3）单据打印

单据完成线上审批后，进行打印。

（4）发票粘贴

将发票粘贴在打印出的单据背后。

（5）票据提交

发票粘贴后，提交给部门秘书。

（6）其他注意事项

每月最后一个工作日处理一次。

2. 总结，你工作中的好帮手

工作总结主要侧重两个方面，一方面是今天遇到了哪些问题，在接下来的工作中该怎样行动才能避免。另一方面是工作中积累了哪些下一次可以继续使用的经验。

一定要记住，工作总结不是为了写给领导看的，而是写给你自己看的。所以格式并不重要，重要的是从这些总结中得到了什么。

工作总结可以按照周期写，比如每日总结、每周总结，也可以不定期写，比如哪一段时间你觉得遇到的问题比较多，可以写近期总结。

每日工作清单

每日工作总结

示例1，与客户确认项目需求

工作清单是否完成

示例2，提供销售某产品解决方案

今日有哪些经验可以学习

示例3，查找项目所需政策文件

今日有哪些问题需要改正

每日总结示意图

我个人建议每天进行总结，早上到公司之后，对于今天需要处理的事项列个清单，晚上下班前对照下清单确认下这些工作任务是否都完成了，顺便总结一下有哪些方面你以后可以做得更好。

当然，上面的工作总结其实对每个人都适用，但对于售前来说，为了能更好地提升个人经验也可以做项目总结。

项目总结是指对于一个项目你参与的部分是什么、收获到了哪些内容、遇到了哪些问题，下一次做的时候可以改进什么。

项目总结的样例如下：

项目总结要点

（1）项目经验和教训

通过项目复盘来回顾，主要包括以下三个部分：

①做得好的部分是什么；

②做得不好的部分是什么；

③其他想到的内容是什么。

在这个部分可以补充你在项目过程中的收获和心得。

（2）项目过程参与

主要是对项目中个人承担的任务、主要困难以及相关经验的积累进行梳理。

①你负责的部分；

②主要的困难在哪里；

③软性知识的提升；

④是否有对客户常见问题的积累；

⑤行业知识的积累；

⑥技术知识的积累；

⑦商务知识的积累；

⑧投标知识的积累；

⑨工具软件的积累。

（3）资料是否正确归档

主要是对项目中使用的资料进行及时归类，需要时能够快速找到。

（4）下一步行动

通过此次总结分析出接下来需要做的事情是什么。若是软件操作不熟练，就需要进行此方面的练习。

6.1.2　每个售前都需要一个知识库

售前知识库即将售前所有资料文档分门别类形成资料库，从而形成知识的积累和沉淀。这可以帮助我们形成良好的知识收集、加工、学习及应用的习惯，并且减少重复性文案编制工作，从而提高工作效率。

1．做好文档管理，让你提升工作效率

文档管理主要是资料的分类整理存放，目的是能够快速找到文档存放的位置。

售前的知识是需要快速更新迭代的，并且很多方案的快速输出是需要相关资料积累的，因此文档管理就显得特别重要。

（1）资料的分类存放

我的文档主要是进行分类，分为当前工作、行业资料、个人积累、公司资料四个分类。其中比较重要的是当前工作和行业资料两项。

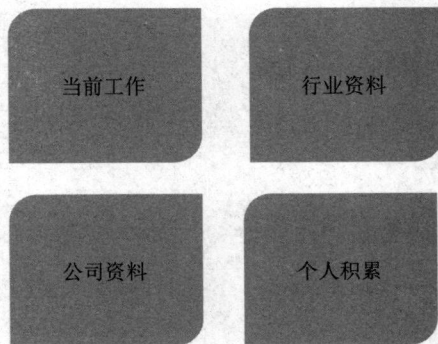

工作资料分类

①当前工作：即你目前手头要处理的工作。主要是以项目来进行分类，把与该项目相关的资料都放入该文件夹中。命名方式一般是"日期＋项目名称＋项目进展阶段"，比如"2019 年 11 月 - 浙江省人社门户网站项目 - 投标阶段"。目的是在处理该项工作时，可以快速找到相关资料。

②行业资料：主要是根据业务分类，将相关资料进行存放。比如人社的分类就包括"社会保险""人事人才""劳动关系""劳动就业""社保综合"。往下细分可以包括"政策文件""解决方案""各地实施""他山之石"等。一般文件夹深度不要超过四层，不然就很难查找了。

③公司资料：包括公司最新发布的规章制度以及组织架构等。

④个人积累：主要是对于个人总结的不属于以上三类的文档。包括技术知识、工作常用的工具、个人年终总结以及一些常用的模板。

当然，细心的你会发现，当前工作和行业资料这两类文件夹很多内容是重合的，所以每当一个项目完结之后，就可以把相关资料整理到行业资料中去。

我根据个人经验对售前资料如何进行存放分类梳理了以下表格，供参考。

售前资料分类说明

资料种类		资料说明
行业资料	政府文件	包括政策文件、政府讲稿等
	会议资料	主要是以某次大型行业会议为主题的资料
	他山之石	主要指其他公司资料
项目资料	按区域划分	上海：市级、闵行、闸北等 华东：山东、江苏、安徽、浙江、福建、上海 华北：北京、天津、河北、山西、内蒙古 西北：宁夏、新疆、青海、陕西、甘肃 东北：黑龙江、吉林、辽宁 西南：四川、云南、贵州、西藏、重庆

续上表

资料种类		资料说明
项目资料	按归档资料种类	项目汇报材料 项目建设方案或项目规划方案 项目建议书 项目可行性研究报告 项目调研报告 项目交流 PPT 项目 DEMO 招标文件 投标文件 现场演示 DEMO 讲标 PPT
	归档资料命名	项目名称+项目资料种类(如招标文件)+日期(可以不标注,最好有)
公司资料	宣传资料	包括宣传视频,公司简介
	案例资料	包括案例清单、合作协议、用户证明资料
	部门知识	包括部门管理制度,以及其他由部门产生的资料

（2）资料的命名整理

目前电脑搜索技术越来越强大了，所以资料命名也特别重要。

其中资料的命名整理需要遵循以下几个要点：

● 若是你个人的方案，为了能够确认哪个文档是最新的，一定要标注出文档编制日期。

● 从网上下载的文档，很多名称是一串代码，需要在下载时就修改为文档标题名称。

● 若文档是特别重要的人编制，或者是竞争对手公司的，那么在文档整理时需要加上括号并带上重要人的名字。

● 如果文档大部分搜索的都是关键词，那么可以设置关键词库，类似系统中的标签，若文档属于此归类就要标注出相应的关键词。

另外，在一个项目终结的时候，需要把一些重要文档版本进行单独存放，比如申报方案、项目建议书、招标文件、投标文件，这样方便快速查找。

2．推荐两个高效的知识管理工具

以上的内容主要适用于文档的存放管理，但如果将网页资料、个人简短总结和一些会议记录都放入 Word 中管理，一来不够直观，二来比较费时间。

我会用印象笔记来记录，用思维导图来管理这些资料。

（1）印象笔记

印象笔记和电脑文件夹可以结合来使用。电脑里的文件夹是作为文件资料来管理的，是死的资料库。印象笔记则用来记录、存放我的一些心得以及通过其他渠道获取的信息，是活的笔记本，每天都会产生并更新内容。

印象笔记主要分成四大类：生活、工作、公共知识、自我管理。

①生活主要是包含生活里面需要注意的，包括做菜、拍照、旅行、运动、身体健康、护肤化妆等。

②工作主要是按照业务知识分类，与行业资料类似。

③公共知识主要包含日常需要系统学习的知识。其中包括阅读文件夹，主要是记录读书笔记和心得，拆书帮主要是自己参与读书会的总结，心理学主要是自己学习心理学的内容，财务是记录日常花销以及理财相关知识的。

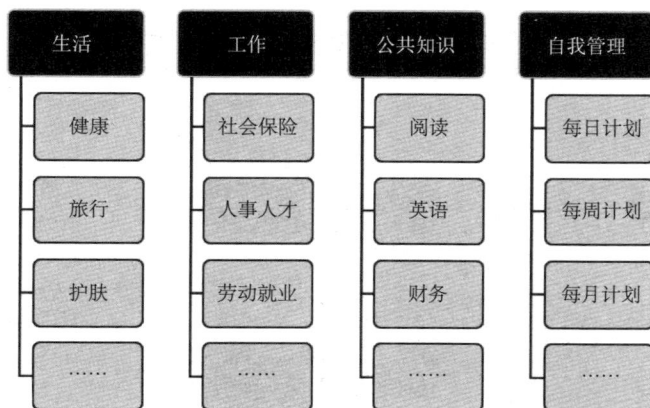

生活	工作	公共知识	自我管理
健康	社会保险	阅读	每日计划
旅行	人事人才	英语	每周计划
护肤	劳动就业	财务	每月计划
……	……	……	……

印象笔记分类

④自我管理主要是记录自己一年的目标计划以及每月计划，每周计划一般

是列出最重要的三件事，每日计划主要是列出自己今天要完成的事项清单，并在计划完成后进行回顾总结。

对我来说，印象笔记最大的好处是取用简单。只要打开笔记本就可以快速新建一条笔记，自由地书写，然后文章会自动进行保存。并且支持多个平台的同步，包括 PC 网页版、PC 客户端、手机端、pad 端，也可以支持上传不同格式的笔记，可以做到随时随地使用。

（2）思维导图 X-mind

思维导图能够在一张图上展现比较复杂的观点，我常用的是 X-mind，有免费版可以下载。

思维导图在售前工作中最大的用处就是梳理主题的知识框架以及政策要点。对于某个项目案例，可以总结梳理出一张思维导图，包括项目的背景、项目的建设思路、项目功能框架、项目的亮点、项目的最终成效等。

下面举一个例子来具体说明：

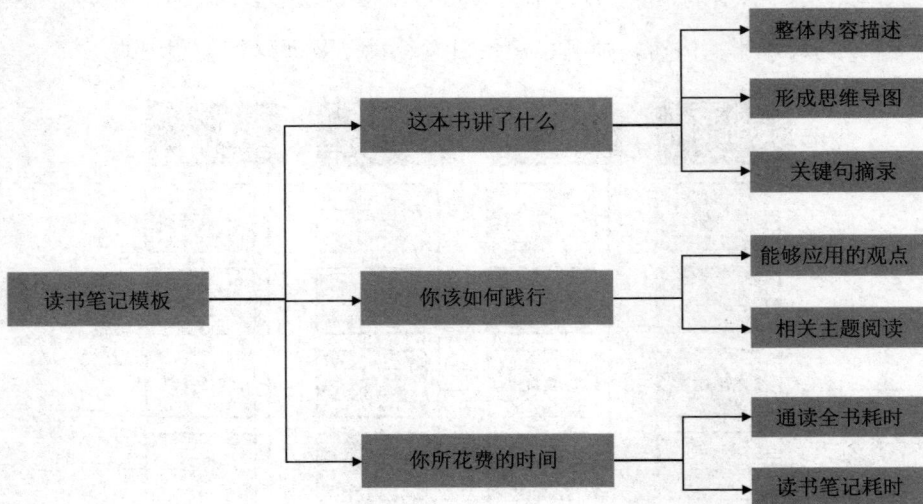

读书笔记模板

这是我做的关于读书笔记模版的思维导图，这个思维导图可以让你快速了解整本书的框架思路，方便整本书的梳理和使用。

相比于文字来说，思维导图会让重点更加突出，也便于内容回顾。

6.2　良好的工作方法帮你减轻压力

对于售前来说，出差、加班司空见惯，而压力、焦虑更是如影随形，有没有什么办法可以帮我们摆脱这样的困境呢？

6.2.1　出差、加班，真的是不可避免的吗

有时候出差、加班是不可避免的，售前工作的特点决定了客户在哪里我们就需要奔赴哪里。有时候客户需求的紧急性和临时性又决定了我们难以控制工作的进度。但是有一些可操作性的办法，让我们可以减少出差和加班。

1．加班，我想对你 say no

在快节奏大城市，加班简直是家常便饭。很多时候加班是被动安排的行为，不为个人自由意志所决定。

所以，你看到这个题目会想，对加班说不？这不可能吧。

也许我们无法避免要加班，但是可以最大程度上提升工作效率、掌握正确的工作方法来避免过多的加班场景。

（1）学会向上管理

就像在前面章节里提到的，需要确认领导布置的工作任务需求，避免理解偏差，导致返工。

（2）做好最重要的事情

也许每天有 10 件事要做，但是其中只有 20% 的工作是领导重视并且是工作中最重要的部分，那么要尽可能多地花时间在这些事情上。

（3）要学会拒绝

如果确实是没有时间做，那么就要直接告诉领导，拒绝的时候要明确说不，不能含糊也不要留余地。

（4）学会授权

即便你没有团队，也可以进行平级授权。比如客户对于 PPT 的美观度要求比较高，可以向领导申请美工支持，把自己没有那么擅长的工作外包出去。

但是即使如此，也有不得不加的班，那么为了保证有好的身体，这里准备了几个注意事项：

①加班尽量不超过晚上 12 点，不然第二天会觉得很累；

②坐在电脑前要记得把腰杆挺直；

③夏天的夜晚，为避免着凉可以把空调由制冷改成换风；

④每隔两个小时尽量起身动一动，与别人讨论个问题或者去打杯水；

⑤加班的时候记得补充点水果；

⑥加班的时候尽量也保持好心情。

2．出差，也许不是最高效的沟通方式

出差是售前的宿命吗？对的。因为售前是要直接面对客户的，除非公司规模足够大，一般售前要支撑的肯定是一个区域，而不是某一个城市或某一个客户。

出差也是有很多好处，第一是能够参与大家的讨论，第二是能够跟同事多交流。出差过程中对项目的理解会更深入，也可以跟同事形成更深的友谊。

出差也许不可避免，但是减少出差频率也许可以做到。出差只是一种跟客户或者外地项目组成员进行交流的方式，也许会有其他更好的交流方式替代。

所以，为了减少出差频率，在出差前，以下几个事情需要想清楚：

①此次出差的目的是什么；

②是否有当面交流的替代方式，比如电话交流、线上视频会议等；

③如何能够达到当面交流最好的效果。

另外，如果有些项目需要频繁出差，就需要做好反思，目前要出差的项目是不是遇到障碍，然后及时向领导反馈遇到的问题和你建议的解决方式，从而寻求支持。

如果不可避免要出差，那么就需要在外地照顾好自己，形成相关出差注意事项。比如入住酒店的注意事项如下所示：

①入住酒店前需要询问事项

● 是否是公司协议酒店，价格多少

● 是否提供早餐

● 是否有比较安静的房间

● 看一下房间大小

②进房间后检查确认

● 房间是否安静

● 门锁和窗户锁是否是好的

● 网络是否是好的

● 空调是否是好的

● 是否出热水

● 椅子是否是好的

● 电视机能否打得开

6.2.2　压力、焦虑，请统统走开

1. 识别工作中压力源，进行各个击破

回顾一下，你就知道，售前工作中的压力主要来自以下几种：

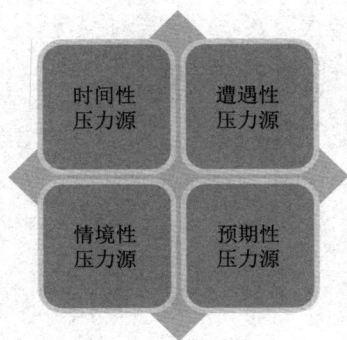

工作压力分类

（1）时间性压力源：主要是指由于售前的工作安排特别满，或者一个方案编制要求的时间特别急，导致工作压力很大。这个时候除了加班外，还可以通过有效率的时间管理来消除压力源，比如说到公司之后就列出工作清单，并进行优先级排序，把最紧急的任务先处理掉。

（2）遭遇性压力源：主要是指售前与其他成员（比如销售、上级领导等）发生冲突，从而感觉压力很大。对于此种压力，要靠我们第五章的方法技巧学会跟销售协作，以及向上管理，同时不断提升个人情商，增加自己工作中的合作性，学会应对不同的状况和情景。

（3）情景性压力源：主要是指售前负责的工作任务相对单一或者只负责里面一个部分，由于项目信息了解较少带来的压力。比如说你临时接到任务来支持另外一个售前的项目交流。如果是这种情况，你需要通过跟领导或者其他同事沟通，增加对整个项目的理解，尽可能地保证工作任务的完整性。

（4）预期性压力源：主要是指你需要承担比较重要的任务，比如担任某个大型项目的售前负责人，对未来与客户的交流效果以及项目结果的担忧。此种压力源除了可以在与客户交流之前进行充分准备之外，还可以对此次交流的目标进行设置，降低自己的预期，从而减少个人压力。

另外对于这些压力的消除，还有一种非常简单的方法。第一步是可以在纸上把你感到压力较大的事情写下来，一旦你写下来之后，就会感到轻松。第二步是写出两到三条减压的策略，这个时候就有信心知道接下来该如何应对了。

2．自我觉察，增强自我抗压能力

多数时候我们会发现，压力源是难以消除的。但是不同的人面对同样的压力会有不同的反应模式，这是因为每个人的抗压能力不同。

其实，抗压能力在很大程度上与我们对事情的认知有很大的关系。

当领导批评你的时候，不去想"哎呀，我又做的不好"，你要想"我还有几个需要改进的地方。"

当用户批评你的时候，不去想"哎呀，我的方案好糟糕"，你要想"从用户的角度，他关注哪个几点，我以后该怎么更好地应对。"

压力和焦虑对于事情本身没有用，只有下一步要做什么才有用。

6.3　熟练操作工作软件帮你提升效率

对于售前来说，最常用的工作软件就是 Office 三件套了，熟练操作办公软件，不但能够大大提升工作效率，让你少加班，还可以增加文档的美观度，让客户觉得你很专业。

6.3.1　玩不转 Word 的售前不是好售前

对于售前来说，Word 可谓是 Office 三件套中最重要的利器，无论是哪种类型的方案都离不开 Word 的使用。本节主要是告诉你一些可以提升 Word 使用效率的技巧。

1．使用文档模板，可以帮助你事半功倍

提升 Word 使用效率的重要方式之一就是建立工作模板。比如规划材料、项目建议书等的项目章节内容大致类似，便可以制作统一模板。

以项目规划方案为例，可以提前设定好主要章节和内容。如项目背景、建设意义、总体目标、建设内容、任务分解、预期成效、保障措施等。

对于文档标准化模板，格式可以参考如下操作：

（1）主要格式

①章节标题：黑体四号（需要比正文字体略大）居左书写，单倍行距，序号与题名间空一个字符。其中，一级标题需要居中，并且设置段前分页。

②正文：一般为宋体小四，首行缩进 2 个字符，1.5 倍行距。

（2）图表格式

①图片排版：图一定要居中并且浮于文字上方，使用 JPG 格式的图片。

②图表编号：使用题注，如图 1.1（第 1 章第一个图）；图题或表题应简明，图号和图题间空 1 个字符位置，居中排于图的下方。

③表格转页：表格太大需要转页时，需要在续表上方注明"续表"，表头也应重复排出。

（3）页眉页脚和页码格式

①页眉页脚：页眉，若设置公司 LOGO 应实现统一，比如统一位于页眉左端；页脚，若设置文档名称和页码，也应统一。比如左边是文档名称，右边是文档页码。

②页码：页码从正文开始按阿拉伯数字（1，2，3……）连续编排，此前的部分（目录、图表目录等）用大写罗马数字（I，II，III…）单独编排。封面、扉页等不编页码。

2．使用常用技巧，让你操作流畅如风

对于文档处理过程中经常出现的各种问题，总结经验如下：

（1）如何快速处理图片

图片处理较慢一般是有两个原因，第一个原因是图片本身较大，第二个原因是需要插入的图片较多。

①如果是图片太大导致处理慢：可以先进行截图，然后再放到文档里，也可以使用软件（如美图秀秀）进行图片压缩。

②如果是图片数量较多：比如需要插入的是合同案例，合同一般是 PDF 格式的，可以通过工具将 PDF 转成图片，实现一次性导入。

（2）如何快速处理文档

在做投标文件合稿的时候，文档处理较慢的原因一般是由于文档样式较多，而如果要减少文档样式，一般有这两种处理方法：

①在编制文档前的方法：如果复制来自其他文档的内容，方法一，点击右键，先点击"选择性粘贴"然后点击"无格式文本"，如下图所示：

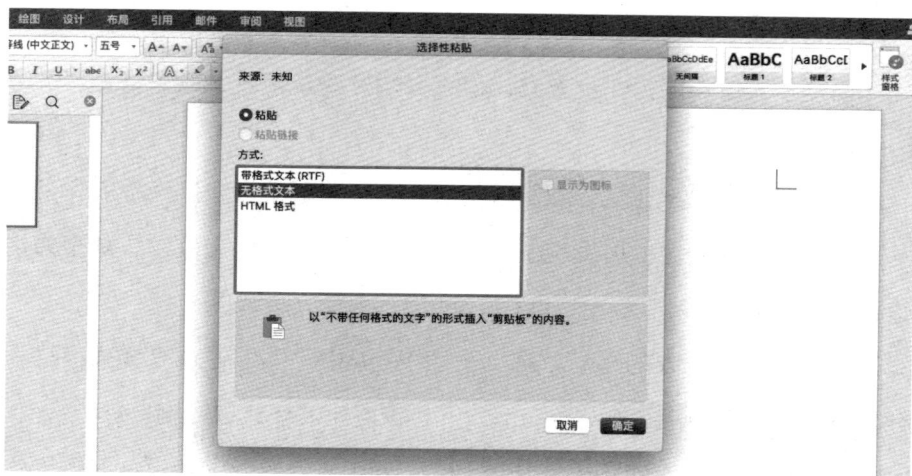

方法二，将文档贴到微软操作系统中的记事本里，然后再复制到本文档中，就可以不带入新的样式。

②编制文档后的方法：这个时候就需要通过样式窗格，将不需要的样式删掉，如下图所示。

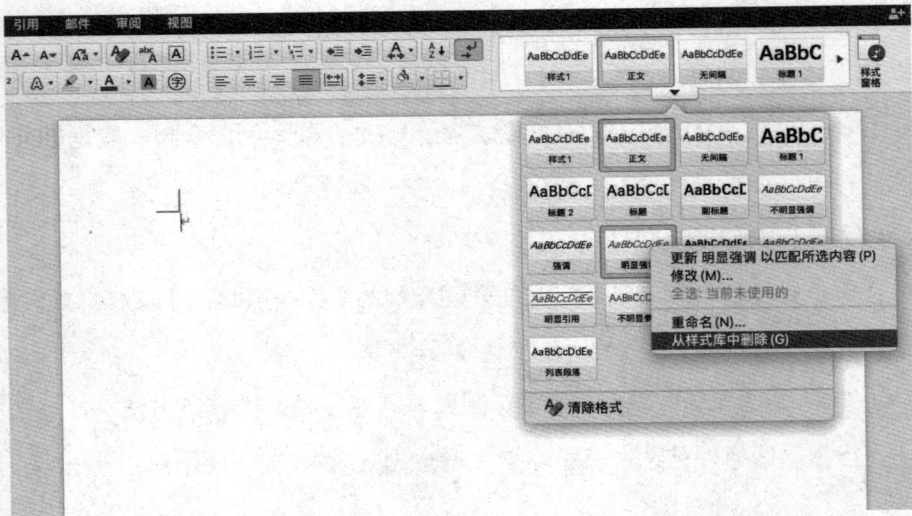

（3）如何快速合稿

如果是多人协作编写一个方案，最终合稿时的麻烦就是由于格式不统一导致的合稿麻烦。

所以最好的办法是在文档编制前就跟相关人沟通使用相同模板以保证格式统一。如果文档编制完成后发现不同人的格式不同，可以采取以下两个方法快速进行格式调整：

方法一：将所有人的稿子放在同一个 Word 中，然后通过"样式窗格"调整样式后，然后使用格式刷对每一部分内容按照相关格式进行刷新；

方法二：将所有人的稿子放在同一个 Word 文档中，第一步，对每级标题进行设置；第二步更新文档以匹配所选内容，如下图所示。

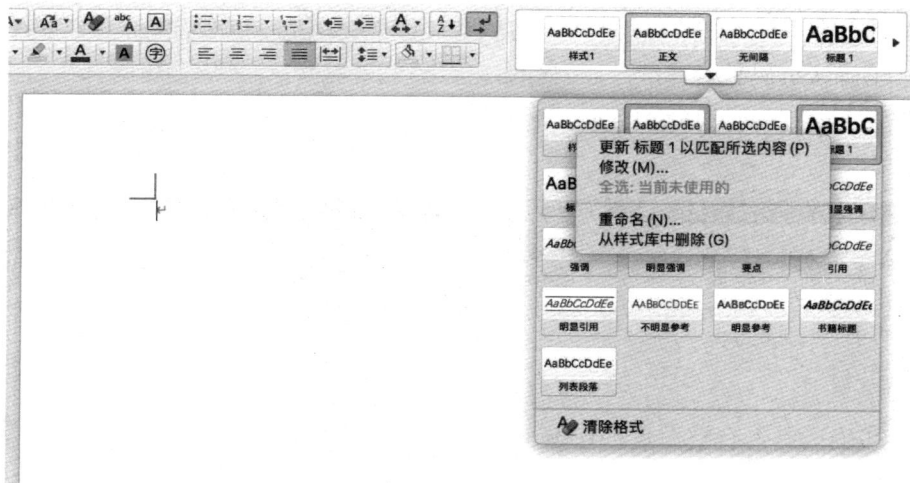

（4）Word 里面表格使用

①如何实现 Word 中的表格自动更新公式：

插入表格后，单击"布局"，再单击"公式"，使用所需公式，如下图所示：

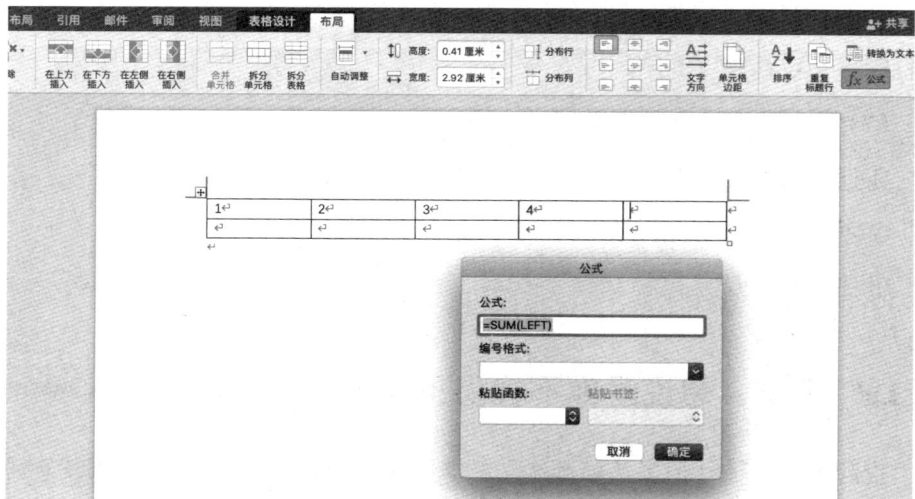

数字更新后，全选文档，单击"F9"键，更新域即可。

②如何实现表格跨页：

在文档中选择表格后，单击"布局"，单击"重复标题行"即可。

（5）如何对文档进行格式审核

①确认页码是否连续：用鼠标点击页眉或者页脚，"页眉和页脚"栏目中，以"上一个、下一节"的方式查看，防止插入分节符后，导致页码不连续。

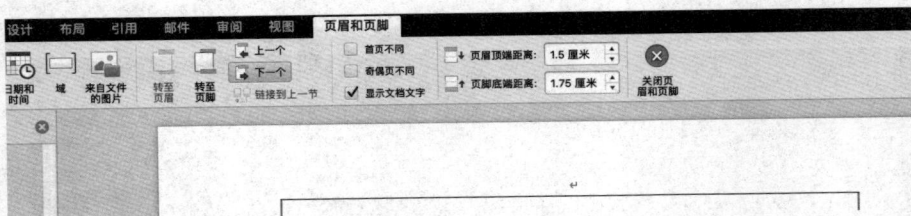

②确认是否有空白页：在 Word"页面视图"中，以 10% 的显示比例浏览全部文档。

（6）文档打印注意事项

①打印注意事项：将文档转换成 PDF 后再打印（避免因打印时所用计算机上字体不全或者文件太大导致打印机内存不足等原因造成打印出错或者失败）。

②图片打印不清晰：图片打印前，可以先预览；如果图很大，可以用 A3 纸打印。

（7）文档太大，如何发送

①通过云盘发送。

②不需要查看 Word 的话，转成 PDF 发送。

③通过 QQ 发送。

6.3.2　PPT，想说爱你不容易

提起 PPT，估计很多售前都是一把辛酸泪，自己辛辛苦苦制作的 PPT 到头来却被客户批评太丑，或者在讲解时明显觉得内容说服力不够，打动不了客户。

出现这个问题的原因是什么呢？要明白 PPT 只是一个辅助工具，而制作 PPT 的目的是要准确地传达信息。

那么到底我们该如何快速制作 PPT，并且保证能有好的呈现呢？

1．好的 PPT 制作，都谨记这些原则

（1）制作 PPT 前需要问自己几个问题

其实 PPT 的制作时间不宜超过三分之一，更重要的是对内容框架的梳理。

①这次 PPT 的汇报目的是什么？

汇报目的直接决定其他的一切，包括内容该如何制作、时间的长短。

内部培训：内部培训肯定需要更活泼，能够使听众掌握更多的内容。

外部交流：外部交流肯定更需要说服力，让客户觉得你公司的产品最专业、方案最厉害。

②这次 PPT 的汇报对象是谁？

比如你这次 PPT 交流的目的是卖软件产品，那肯定要根据汇报对象的不同设计出不同的内容。

公司高管：高管更关注的是为什么要做这件事，要花多少钱，能够带来什么好处。

公司中层：中层更关注的是这个系统是否好用，未来是否容易维护、是否容易扩展。

公司内部的一线实操人员：这些人肯定更关注系统是不是好用、是否能够减少他们目前的工作负担。

③你目前有多少时间可以准备？

有多少时间做多少事。假如只有数小时的准备时间，你只能在原有的 PPT 上进行修改，如果你有更长的时间，就需要结合本次要达成的目的提供全新的演示文稿。

（2）制作 PPT 的误区

你讲的内容越多，听众能记住的就越少。一定要记住，一张 PPT 只传递一条信息。

根据特定的观众对这些信息划分优先顺序（包括哪些是一定要传达给听众的，哪些是可以作为补充资料的），删除那些会分散主要焦点的项。

可以从以下几点进行着手：

①与主题内容不相关的不要在幻灯片或者讲解过程中提到。

②需要选择能够支持观点且能够体现数据特点的图片。

③动画效果需要能够突出重点，不然尽量选择不使用。

④幻灯片上的字不用太多，尽量简化、删除多余的词汇。

（3）PPT 该如何展示

①精简原则：只放上要点，而不是所有的文字和图表；每张 PPT 只说明一个主题；删除联结词。

②三个原则：信息以三个为一组进行分类。

③数字化原则：将形容词转化为数字呈现。比如简单易上手的设计，可以替代为 10 分钟就能完成。

④全文风格保持统一：配色、字体都要一致。

（4）制作完成后的审核

每次做完你的 PPT，请思考两个问题：

①我提供的这些信息都是客户关心的吗？

②不讲哪些内容可以让主题更突出？

2．如何快速制作一份 PPT

（1）基本步骤

梳理核心内容　搭建主要框架　设计具体内容　审核具体格式

PPT 制作流程

第一步，根据 PPT 制作前的基本问题回答，实现核心内容梳理。

通过思维导图将框架梳理出来，为了表达本次内容主题，需要包括哪几部分内容，以及这些内容需要突出的是什么。

第二步，选择合适的模板，进行 PPT 框架的搭建。

模板可以在工作平时积累，也可以通过一些工具，比如美化大师、WPS 会员来下载。一般模板比较省事，可以保持整个 PPT 风格的统一。包括封面、封底、导航页等。但是最重要的是要知道自己如何设计模板，包括配色、字体、背景格式等。

其中相关技巧包括：

①字体设置

● 30 人会场，字体不小于 16 号；

● 更多人，字体不小于 24 号。

②配色设置

● 选择配色和图片，要和模板配色或公司主色调一致。

● 常见配色方案包括：红色和蓝色，橙色和灰色，黄色和黑色。

第三步，对具体内容进行设计。

主要是根据每页 PPT 要表达的中心思想对具体内容页进行设计，包括每页内容如何配图、如何实现图形化表达，比如希望实现闭环，就可以去素材库搜相关的图。

第四步，对具体格式进行审核。

①审核重点内容是否突出

重点内容突出可以采用以下几种方式：

● 字体变大；

● 字体变粗；

● 变换颜色；

● 阴影效果。

②格式是否实现统一

可以通过"视图"中"幻灯片浏览"功能，检查 PPT 中的颜色是否超过三种，文字是否对齐、协调。

6.3.3　Excel，谁说它只能辅助

相对于 PPT 和 Word 来说，Excel 的使用频率没有那么高。

对于 Excel，常用的基本技巧包括：

（1）进行首行固定：目的是在表格内容很长的时候，持续下拉也知道每个序列代表的内容是什么。主要是通过"视图"→"冻结首行"来实现。

（2）进行排序和筛选：可以实现对表格内容的筛选，从而快速了解重点内容，可以通过"数据"→"筛选"来实现。

（3）批量生成序列：适用于表格中序号栏的快速生成。可以首先在表格中填写序号 1，然后点击 Ctrl 键下拉，序号就自动出来了。

（4）单元格换行：这个是通过 Alt+ 回车键来实现的。

（5）实现数字相加：这个主要是选定数字列，然后"开始"→"求和"。

（6）调整单元格格式：这个主要是对于单元格内对象的统一处理，比如你希望这一排数字是保留两位小数的，第一步是选定数字，第二步是点击右键的"单元格格式"，第三步是选择"数值"，保留两位小数。

（7）自动调整行高：主要适用于每行内容行高不一。可以通过"开始"→"格式"→"自动调整行高"的方式来实现。

另外，如果你希望做好图表，那一定要懂得不同图表代表的意义。

只有确定表达的信息、确定比较类型，才能更好地选择图表类型。

图表类型示意

（1）折线图：主要用于时间序列的趋势比对分析，适用于变化比较大的数据集合。对于售前来说，可以适用于不同月份或者不同年份之间的业务增长量比对。

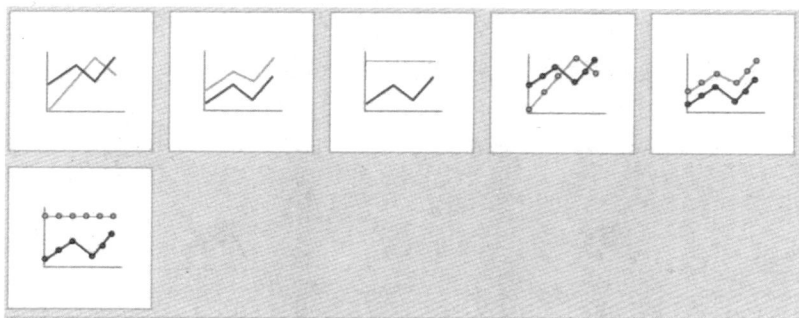

折线图

（2）饼图：一般用于构成分析中，反映单一指标的结构、构成等信息，数值可以是绝对值、相对占比或者两者同时体现。适用于需要突出某个部分占比突出中的场景。对于售前来说，适用于项目预算分析、软硬件比对和构成。

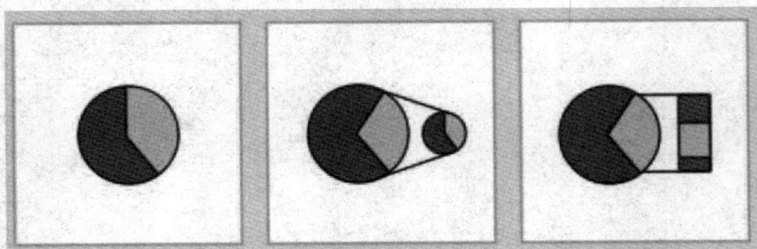

饼图

（3）柱形图：一般用柱子高低反映数值大小，非常直观，可以进行数值排序，也可以表示一个指标多组数据间的比较，适用于突出其中一个维度的比较。

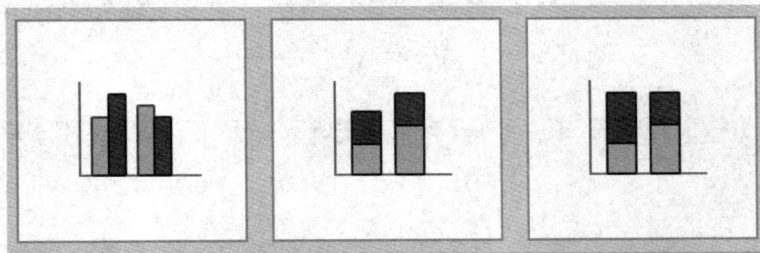

柱形图

（4）散点图：多用于两个变量间的相关性分析。

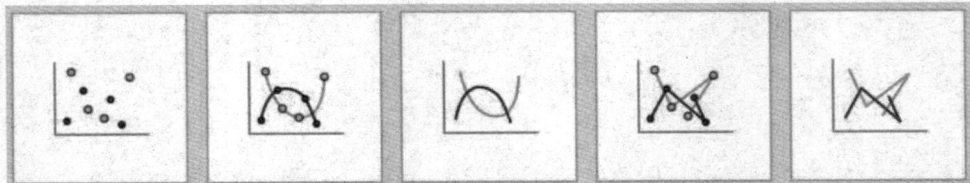

散点图

第 7 章
IT 售前工程师的自我修养

看完前几章的内容，作为售前的你也许会感慨，路漫漫而修远兮，成为一名好的售前太难了。

是的，我们在职业发展道路上，需要不断提升个人的自我修养，包括找准职场定位、积极主动、保持良好的心态，只有这样，我们才能比其他人成长得更快，职业道路走得也更稳。

7.1 认识自我，找到自己的职场定位

无论你是从事什么行业，都要了解自己，包括你的强项、弱项、性格特点等，以此来制定适合自身发展的职业规划。

7.1.1 结合个人特点，进行职业规划

在对个人进行职业规划之前，首先要对个人特点以及外部行业形势进行分析，其中最典型和最重要的方法是 SWOT 分析。

SWOT 分析主要包括两个维度：

（1）内部维度：针对个人的。S（strengths）是优势、W（weaknesses）是劣势。

（2）外部维度：针对外部形势的。O（opportunities）是机会、T（threats）是威胁。

如下图所示：

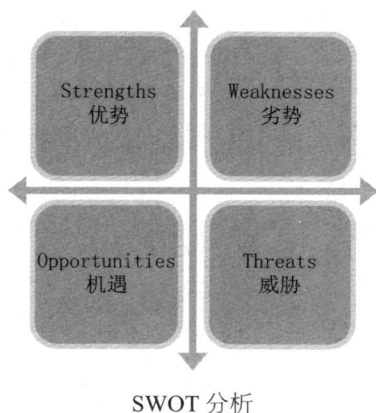

SWOT 分析

通过 SWOT 分析可以帮助我们形成"能够做的"（即个人的强项和弱项）和"可能做的"（即环境的机会和威胁）之间的有机组合。

比如，对于刚工作一年的我，所做的关于 SWOT 分析如下图所示：

SWOT 分析应用示意

对当时的我来说，未来职业发展除了可以提升自己的弱项能力之外，也可以选择强项＋机遇的发展策略，可以去医疗行业的软件公司负责投标工作。

7.1.2　内向如我，可以成为优秀售前吗

我们在做售前工作的过程中通常会有一些疑惑，看到一些优秀的售前在客

户面前对答如流,自己则需要一点一点才能进入状态。这个时候就会产生自我怀疑,到底如何才能变成他那个样子。

其实,内向和外向只是沟通方式的区别,外向的人更善于表达,但可能容易错过客户表达的重要信息,而内向的人擅长倾听,但在表达方面看起来会没那么自信,因此都需要在与客户交流中进行调整。

不同售前的风格是不一样的,有些性格偏外向,擅长进攻,他们倾向于把80 分的产品说到 100 分,前期进展顺利,后期则可能会让客户失望。

有些售前性格偏内向,更加擅长防御,前期可能推进比较慢,但是更注重交付质量,会更容易让用户参与进来,而且对于公司来说,稳定性更强。

因此,我们需要了解自己的性格特点,如果是性格偏内向的,需要增强在售前工作中的信心。同时为了在与客户交流过程中更好地表达自己,可以选择一些调整状态的方式和技巧。比如,深呼吸、适当大声说话或者提前做运动,可以帮助自己快速进入状态。

7.1.3　看清自己作为售前在工作中的价值

由于售前本身的工作成果没有其他职位可视化程度高,比如项目经理做到项目的验收,产品经理实现产品的上线,销售实现良好的业绩。对于售前来说,很多工作都只是在销售过程中产出的材料,包括方案、PPT 等,而这些与最终的合同签订之间产生什么关系是无法说清的。

很多售前会陷入一种自我怀疑的状态:售前真的有价值吗?事情没做成,责任是自己的,事情做成了,功劳都是销售的。

作为售前,需要学会肯定并发现自己的价值,比如与客户交流的效果如何可以通过客户现场的反应来判断,一份方案编制的质量如何可以通过客户或者领导的反馈来看,也可以通过观察是否有细节错误来判断。每一次为项目的推进做出了贡献,都要为自己呐喊加油。

除了对项目推进本身的价值，售前也可以考虑下对社会影响的价值，虽然你只是一个项目的推进者，但是项目落地之后，产生的社会效益也是值得关注的。比如现在长三角地区养老、交通、医疗一体化，如果你推动长三角交通一体化项目落地，每次享受到它所带来的便利时也可以体验到价值感。

价值感本身是内在的，但是它关系到你对售前这份工作的热爱，以及未来是否会全心投入，所以一定要在工作当中不断地进行寻找。

7.2　积极主动 / 善于学习，才成长得更快

售前的积极主动主要包括肯想和敏感两个方面：

肯想：形成一种思维方式，如拿到任务的第一件事不是去找资料，而是根据自己想法判断应该如何去做，找到资料之后思考如何转化成自己的知识。

敏感：对于外界所有信息都要立刻思考是否能够快速运用到 PPT 制作和方案写作中，最后达到看了知识一眼就知道要应用到哪一块里。只有你有问题意识时，外界的信息对你才有意义。

积极主动除了表现在平时积极参与工作中来，还要善于学习。

7.2.1　提升学习力，你首先要问自己两个问题

想要提升学习力，需要想清楚两个问题，第一是学什么，第二是如何学习。第一个问题是关于学习目的的，有了目标才能检验学习的效果，第二个问题是关于学习方法的，只有提升学习效率才能达到事半功倍。

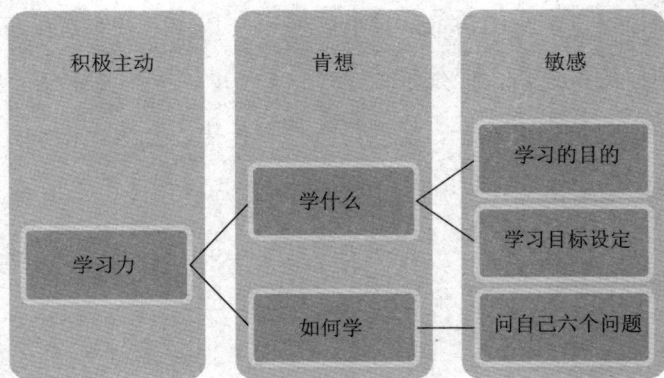

提升学习力要点

1. 知识浩如烟海，我到底该学什么

知识只有在应用中才能体现其价值。

如果学习没有方向性，以有限的时间和精力去追逐无限的知识内容是徒劳无功的。在任何知识领域都浅尝辄止就会欠缺知识的深度，无法形成竞争优势。

所以在学习前必须要做到这两点：

（1）学习的目的是什么

你的目标是想解决什么问题，比如你想提高制作 PPT 的效率，那么你应该学习如何制作 PPT。

假如你是想提高 PPT 的展示效果，就不仅仅需要学习如何制作 PPT，还要加深对 PPT 展示内容的理解，如何学会跟用户进行互动等。

（2）对需要学习内容的目标设定是什么

换句话说，就是想达到什么水平的具体化呈现，不但要明白自己是想达到入门、熟练还是专家水平。还需要用一句话进行描述，并可以给自己明确的时间界限，包括想练习多少个小时，或者希望多久可以达到。

比如写作，我希望两年后可以写一本结构清楚的书出来，是介于熟练和专家水平之间的。

学习目标的设定不要太高也不要太低，最重要的是要能够快速应用于工作中。

2．没有时间，如何快速掌握技能

售前需要掌握多种技能，包括演讲技能、时间管理技能、知识管理技能等，接下来可以问自己以下问题：

（1）你目前的水平如何，遇到了哪些问题？

主要针对已经对技能有一些知识或练习的人，为了评估你的现状，更好地对症下药。

比如写作，我曾经自己长期写随笔，大约每月一到两篇，如何能够实现从想写什么就写什么到能够给他人提供价值的转变，并保持持续产出，是我想要解决的问题。

（2）你在练习技能之前是否掌握了足够多正确的信息？

信息可以保证你做足练习前的准备工作，是正确进行练习的基础。

比如写作，你是否知道写作分几种题材，是虚构作品还是非虚构作品，选择哪种方式写？是手写还是在电脑上写，有没有一些可以参考借鉴的书。

（3）你是否对技能进行分解，知道做到它的正确步骤是什么？

技能分解会有两个好处，一方面可以帮你降低对目标的恐惧感，另一方面当你遇到阻力时会知道哪里做得不够好。

比如写一本结构清晰的书，你的题材是什么、书名是什么、内容选择哪方面，就知道了需要积累的是哪些知识。

（4）你是否花了足够多的时间来练习，并使用正确的方法？

这个主要是看你有没有在练习上做到足够用功。

比如写作，你是否每天都能保持一定的写作量，每天写作 1 000 字，每周产出 3 篇文章。

所谓正确的方法是你有没有能够避开一些坑，将练习的时间最大限度地缩小。

比如，写作如何能够做到将每天的 1 000 字时间最小化，并且每周产出的文章都能保证高质量。

那正确的方法来自哪里呢？

①在信息搜集阶段会获取一些方法。你会了解到一些信息渠道，比如跑步，你知道跑酷社区和公众号。比如写作，你会知道简书和练习写作的书。

②需要向一些前辈或专家进行请教。那么如何向专家正确地请教，下一个问题会进行具体阐述。

③需要自己实践探索。到底哪些方法适合于自己，哪些方法不适合。

（5）如何向专家或前辈进行请教？

首先要弄清楚向专家请教什么。主要是三个方面，第一是在前进过程中会有哪些坑，第二是你练习的方法是否正确，第三是是否有快速提升的方法。

比如跑步，前进中的坑是很多人容易用力过猛导致受伤，所以需要尽可能将练习时间拉长。部分人会选择在跑步机上跑，这就很容易导致室外跑步不适应。

那么去哪里能找到这些专家或前辈呢？

建议可以通过两个渠道。

①加入一些社群。比如跑步团体，通常他们都会了解更多的信息，并知道更多的方法。

②在行等付费渠道。在行是向专业人士进行请教的 App，低价易得，非常推荐。

（6）你是否得到足够多的正确反馈？

反馈是你持续改进的来源。正确的反馈可以加速方法练习的进程。

比如写作，你可以通过在简书上投放文章，看看大家的喜好是哪一方面，并通过他们的评论来改进你的文章。

7.2.2　作为售前，有哪些重要的学习渠道 ━━━

售前需要抓住一切机会去学习，其实机会就在身边，包括可以总结复盘学习、向身边的同事以及书本学习。

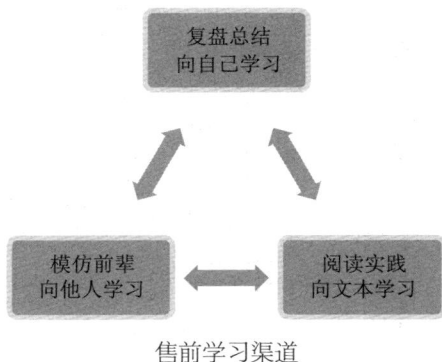

售前学习渠道

1．复盘总结，向自己学习

向自己学习，是指自己要多实践，并且多总结。

绝知此事须躬行，当我们真的经历过之后才能说得清楚这里面的问题和障碍。

怎么样才能做到不紧张？从去见 100 个客户开始。如果实在没有机会交流，可以在业余时间找一些演讲类的俱乐部进行练习，练习怎么给别人呈现出自信的状态。

实践之后，一定要复盘总结，就像我们在 6.1.1 章节中所说的，总结是你工作中的好助手，从每一次的客户交流、方案编制中萃取经验，让自己下一次做得更好。

2．模仿前辈，向他人学习

第一次做售前要学会模仿，模仿那些资深的售前，学习他们在面对客户的刁难问题时是如何应对的，怎样做到让客户满意。

当然模仿并不容易，前提是对方肯带你见识，肯帮你讲解这其中的思路，所以这个过程除了依靠悟性，也需要依靠个人的积极主动。

可以从以下三个点去尝试：

（1）要多发表意见。尤其是在售前内部会议的时候，不要担心自己说错，说出来别人才会提供反馈，才知道自己的想法是对是错。

（2）要抓住机会并做足准备。像跟公司项目经理或者产品经理出差，在出差之前就要了解对方是做那一块的，了解下相关的知识并准备一些问题。

（3）多向前辈学习。向对方请教你在某个方面的问题，或者长远来说怎么样发展更快，领导一般也喜欢积极主动的员工，在获得更多答案的同时也可以获得领导对你的认可。

3. 阅读实践，向文本学习

售前需要掌握非常多的知识，包括业务知识、技术知识、管理知识、产品知识等。

所谓的文本其实包含了书籍、方案等各种文件资料。

我们通常在电脑文件夹积累了很多的资料，这些资料只有应用才能发挥它真正的价值，因此你要熟悉并了解资料中的内容，在第 6.1.2 章节已经介绍了关于知识库的建立，以及具体知识管理工具。

这个过程中最关键的是要梳理出来学这个知识的目的是什么（应用场景），有什么更高效的方式可以学习它。

最好每个月都可以对以上几类知识进行盘点，问问自己，在这些方面有更多更深的积累吗？

我本人会通过思维导图梳理相关知识结构，并且查漏补缺，看看有哪些内容是自己所欠缺的。

7.3 拥有好心态，才能勇往直前

成为一名优秀的售前，除了良好的自我定位以及积极主动、善于学习外，还需要良好的心态，这就包括抗压力、信心、细心和耐心。

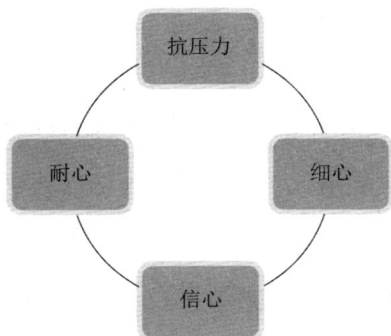

售前必备心态

7.3.1　抗压力，让你面对困难愈挫愈勇

售前总会面对各种各样的难题，此时你是选择抱怨、挫败还是选择调整心态、积极面对。

1. 面对问题想要抱怨时，先进行自我反省

当你抱怨现在没有成长的时候，可以问问自己，是否把每个工作任务都做到尽善尽美了。

当你抱怨领导没有给你机会的时候，可以问问自己是否做到了主动，并且让领导发现自己身上的闪光点。

当你抱怨公司存在很多问题的时候，可以问问自己是否为解决这个问题出过一份力，比如将这个问题反馈给相关负责人并提供自己的解决方案。

2. 面对失败感到挫败的时候，首先舒缓情绪

当面对失败的时候，比如一次交流效果不好，一次方案编制被发现很多问题，都会有挫败感。

这个时候可以告诉自己，毕竟只有行动了，才会有失败。然后逐渐转变关注点，把关注点从这个事情的结果调整到过程和体验上，比如从中学习到什么了，下一次需要注意什么。

另外，当感到比较焦虑的时候可以深呼吸，先从 1 数到 10，然后问问自己可以做些什么让事情变得更好。

3．面对复杂问题感到压力很大的时候，先要把问题进行分解

面对复杂问题感到压力很大，通常因为不知道从哪里下手，这个时候就需要将问题进行分解。比如你要写一份方案，可以先搭建框架，然后对每个部分进行编制，这样问题变小了，你就会更有信心去处理了。

类似于如果告诉你写一本书，你会觉得特别难，但是如果告诉你每天写 500 字，你就会觉得容易多了。

7.3.2　信心，让你在重大场合镇定自如

有时候不自信才是最大的障碍。做售前一定要临危不惧，尤其是在讲标或面对重要客户的时候，一定要镇定自若。

很多时候紧张是由于对自身的信心不足，所以一定要自信。要相信自己作为售前的优势和价值，相信自己肯定比用户知道得多。

要做到这一点，可以从以下几个方向行动：

①要进行自我觉察。每天发现自己不足的点是什么，是真的做不到还是自己认为自己做不到。到底是水平不够，还是自己一直告诉自己不行。

②学会转换视角。在日常工作复盘中侧重发现自己做得好的地方，并把它放大化，而不是每次都放大缺点。

③关注自己的优势，在采取行动时可以思考使用一些方法运用自己的优势。

7.3.3　耐心，让你能够高出对手一筹

这一点要求我们保持足够多的耐心，而不是希望一蹴而就。耐心可以体现在售前工作的方方面面。

比如项目跟了一年，仍然没有落地，需要耐心；

比如你跟跨部门沟通，你说了很多，对方仍然不理解，需要耐心；

比如你反反复复给客户改了十遍稿子，对方仍然不满意，也需要耐心；

比如投标过程中，需要经过初审、复审，电子稿审核、纸质稿审核，也需要足够的耐心。

耐心可以让售前继续保持热忱地把事情推进下去，很多时候耐心也是我们从众多竞争对手中胜出的重要因素。

7.3.4　细心，才能避免功败垂成

关键时候，是否细心直接决定了项目的成败。

比如方案里一个细微的错误就可能让客户觉得我们不够专业。

比如你编制投标文件，遗漏一个废标项，都会直接导致项目废标。

如果想要做到足够细心，可以从以下几个方向行动：

第一，针对项目制作审核清单，并每次都遵照检查列表来检查。

第二，建立审核机制，检查完成后，也可以给其他同事或者领导复审。

第三，可以把由于不细心导致项目出问题的一些案例制作成合集，在负责重要项目前，对这些案例进行阅读。

后 记

在一个暖暖的秋日午后，写到了本书的后记，有些激动也有些诚惶诚恐。

虽然经过很长时间的构思，但是书中的内容主要是我个人工作中提炼出的经验技巧，可能还不够成熟，也欢迎大家把应用后的心得与我一起分享交流，共同探讨共同成长。

关于本书的写作，非常感谢工作以来给我提供帮助的人们，包括胡总、沈总、彭总、廖总、陈老师等很多人，彼时初入职场，你们手把手的带教，才有了今天的我。也感谢工作中给过我指点的盛总、江总、徐总、敏姐，正是你们言传身教，才让我学习到很多工作中沟通的协调方法和技巧。还要感谢给我写序的张玉新老师和盛总，以及给我写推荐语的吴柏臣老师、赵周老师、周函老师、陈百庆老师、卢海强老师，你们的序言和推荐语是对我极大的鼓励和肯定。编辑巨凤老师和伟彤为我的书稿付出了很多，我的好朋友亚群伴随着孕期不适为我提供图书插图，我的先生肥光对我写作一直进行着鼓励和支持，感谢你们。

该书写作经过深思熟虑和仔细审校，但是还难免会有疏漏和失误，也欢迎读者们朋友们帮忙指正，我的个人邮箱 754508784@qq.com。

参考文献

[1] 尼尔·雷克汉姆 . 销售巨人：大订单销售训练法则 [M]. 石晓军 , 译 . 北京：中华工商联合出版社 , 2010.

[2] 芭芭拉 · 明托 . 金字塔原理 [M]. 王德忠 , 张珣 , 译 . 北京：民主与建设出版社 , 2006.

[3] 谭志斌 , 柳纯录 . 系统集成项目管理工程师教程 [M]. 北京：清华大学出版社 , 2009.

[4] 芭芭拉 · A · 卡克诺德 . 七步掌握业务分析 [M]. 朱庆 , 蒋慧 , 甄进明 , 译 . 北京：电子工业出版社 , 2010.

[5] 夏凯 , 田俊国 . 赢单九问 [M]. 厦门：鹭江出版社 , 2010.

[6] Robin Williams. 写给大家看的 PPT 设计书 [M]. 苏金国 , 刘亮 , 译 . 北京：人民邮电出版社 , 2009.

[7] 杭州蓝狮子文化创意有限公司 . 简报的技术 [EB/OL]. 杭州：杭州蓝狮子文化创意有限公司 , 2014.

[8] 大卫 · 惠顿 , 金 · 卡梅伦 . 管理技能开发 [M]. 张文松 , 译 . 北京：机械工业出版社 , 2012.

[9] 田志刚 . 你的知识需要管理 [M]. 沈阳：辽宁科学技术出版社 , 2010.

[10] 崔建中 . 突破大项目中的多重客户 EB TB UB Coach [J]. 商界评论 . 2012 年 , 卷（12）.

笔记栏

笔记栏

读 者 意 见 反 馈 表

亲爱的读者：

感谢您对中国铁道出版社有限公司的支持，您的建议是我们不断改进工作的信息来源，您的需求是我们不断开拓创新的基础。为了更好地服务读者，出版更多的精品图书，希望您能在百忙之中抽出时间填写这份意见反馈表发给我们。随书纸制表格请在填好后剪下寄到：北京市西城区右安门西街8号中国铁道出版社有限公司综合编辑部 巨凤 收（邮编：100054）。或者采用传真（010-63549458）方式发送。此外，读者也可以直接通过电子邮件把意见反馈给我们，E-mail地址是：herozyda@foxmail.com。我们将选出意见中肯的热心读者，赠送本社的其他图书作为奖励。同时，我们将充分考虑您的意见和建议，并尽可能地给您满意的答复。谢谢！

所购书名：_____

个人资料：

姓名：_____ 性别：_____ 年龄：_____ 文化程度：_____

职业：_____ 电话：_____ E-mail：_____

通信地址：_____ 邮编：_____

您是如何得知本书的：

□书店宣传 □网络宣传 □展会促销 □出版社图书目录 □老师指定 □杂志、报纸等的介绍 □别人推荐
□其他（请指明）_____

您从何处得到本书的：

□书店 □邮购 □商场、超市等卖场 □图书销售的网站 □培训学校 □其他

影响您购买本书的因素（可多选）：

□内容实用 □价格合理 □装帧设计精美 □带多媒体教学光盘 □优惠促销 □书评广告 □出版社知名度
□作者名气 □工作、生活和学习的需要 □其他

您对本书封面设计的满意程度：

□很满意 □比较满意 □一般 □不满意 □改进建议

您对本书的总体满意程度：

从文字的角度 □很满意 □比较满意 □一般 □不满意
从技术的角度 □很满意 □比较满意 □一般 □不满意

您希望书中图的比例是多少：

□少量的图片辅以大量的文字 □图文比例相当 □大量的图片辅以少量的文字

您希望本书的定价是多少：

本书最令您满意的是：

1.
2.

您在使用本书时遇到哪些困难：

1.
2.

您希望本书在哪些方面进行改进：

1.
2.

您需要购买哪些方面的图书？对我社现有图书有什么好的建议？

您更喜欢阅读哪些类型和层次的理财类书籍（可多选）？

□入门类 □精通类 □综合类 □问答类 □图解类 □查询手册类 □实例教程类

您在学习计算机的过程中有什么困难？

您的其他要求：